中村淳彦

パパ活女子

GS
幻冬舎新書
637

はじめに
衰退国家から生まれた「パパ活」現象

緊急事態宣言中の東京新宿、午後4時。たまたま入った老舗喫茶店は、ほぼ満席だった。新宿三丁目エリア、普段は学生やビジネスマンがおもな客層だ。暇つぶしに本を読んでいた。しばらくして、ふと見まわすと、店内は40〜50代の中年男性と20代の若い女性のカップルばかりだった。それぞれのカップルたちには笑顔も、醒めた表情もあったが、総じて不自然な違和感を放っている。

違和感は2人の関係性がわからないことが理由だった。彼らは親子ではないし、上司と部下には見えない。夫婦や恋人同士にも見えず、商談でもなさそうだ。しばらくしてから、カップルたちのほとんどがパパ活の〝顔合わせ〟であることに気づいた。緊急事態宣言下の夕方の老舗喫茶店は、パパ活カップルだらけだったのだ。

パパ活はおもにインターネットのアプリ、または交際クラブを通じて行われる。顔合わせとは、オンラインや交際クラブで繋がった男女が、最初に顔を合わせるアポイントのことだ。初めて出会った男女は1時間程度の顔合わせで、お互いを値踏みし、これから目の前の異性とどう付き合っていくか決める。交際をするかしないか、交際するならば、男性が女性に支払う金額はじめ、どのような条件かを話し合う。

パパ活は、代金をもらって女性がサービスを提供する風俗や水商売、援助交際とは異なる。似て非なる行為である。

パパ活はオンラインや業者を通じて男性と女性が出会い、そこから長期的な関係を目指す自由恋愛であり、どのような関係を構築していくかは２人で決める。ソープランドのような違法行為を誤魔化すための建前の自由恋愛ではなく、関係のなりゆきは双方の意思に委ねられることがパパ活の大きな特徴になる。

これから本書には多くのパパ活女子が登場する。女子大生も、医療従事者も、売れないモデルやタレントも。そして誰もが口を揃えていうのはこうだ。

「パパ活はみんなやってるよ！」

ビジネスマンや学生が利用するこの喫茶店がパパ活カップルだらけなことが象徴しているが、いまは過熱状態ともいえるパパ活ブームの最中だ。

特に都市部の20代女性においては、パパ活はもはや常識で、経済的な問題を解決するための選択の一つとして、同年代の女性間では十分に認められている。たとえば友だちがパパ活をしているなら、否定することなく、受け止めるほうが普通だ。

理由の一つは、女性の貧困が広がる社会のなかで、都心の一部に生息し、キラキラした華やかな生活をする「港区女子」と呼ばれる女性の存在が注目されたことが大きいだろう。港区女子とは六本木、麻布、赤坂などの高級歓楽街で、高収入&ハイスペックな年上男性を求めて遊び、セレブリティな日常をＳＮＳで発信する女性たちのことだ。

日本全体で女性の貧困や雇用の非正規化による低賃金が深刻な問題となる一方、かわいく、オシャレに着飾った拝金主義の20代前半の女性たちがおじさんやハイスペック男性から奢られ、悪意ある言い方をすると、彼らにたかっていた。そんななか、２０１６年にパパ活という言葉が生まれ、さまざまな人がパパ活という言葉を使うようになり、２０１７年以降に一般社会に浸透している。

働いても自分の生活を支えられないほどの低い賃金であったり、高額な大学の学費納入に追われる多くの一般的な若い女性たちは、男性に奢られ、華やかな日常を積極的に発信する港区女子たちに、少なからず羨望の意識があったはずだ。パパ活と港区女子的な行動には、上層の年上男性とかかわることによって、お金がもらえる、利益がある、再分配される、という共通項がある。

最近よく耳にするパパ活をすることで、少しでも自分の生活が楽になるんじゃないか、未来が明るくなるんじゃないかと思うのは、決して特別な感覚ではないだろう。

そして、女性の貧困がギリギリの状態のなかで新型コロナウイルスが蔓延した。未曽有の感染症は女性や若者たちの生活を直撃し、仕事を失って困窮したり、時間を持て余す者が激増した。必然の結果として若い女性たちのパパ活参入に拍車がかかった。それまで経済的に困った女性の受け皿は、繁華街のガールズバー、キャバクラ、性風俗店といった夜職だったが、繁華街も感染症の大打撃を受けている。いくつかの要因が重なったことで、若い女性たちが濁流のようにパパ活になだれ込んだ。

昭和からずっと続く男女格差、そして平成からはじまった世代格差、収入格差によって、どこからも利益を得る側に立てなかった若い女性たちの意識や行動様式は大きく変化している。

結婚や出産は贅沢品であり、良妻賢母など夢のまた夢という社会で、高額な学費の納入や奨学金の返済に追われれば、意識が変わらないほうがおかしい。まず大前提として、若い女性たちの経済的に厳しい状況が「パパ活はみんなやっている！」という現状に繋がっている。

パパ活女子だらけのいまの状況は、伝統的に続く男性優位と高齢者優遇の社会のなかで、社会的強者である男性中高年の勝ち組に、弱者である若い女性がたかっている、と見えなくもない。類似した現象として戦後混乱期のパンパン、社会保障が行き渡っていなかった時代の物乞いなどを連想した。これが、格差が広がり続ける衰退国家の一つの姿なのだ。

２０１６年に生まれた「パパ活」という言葉はまだ新しく、いまは援助交際、児童買春、売春、愛人、港区女子的な行動といったものがすべてパパ活と呼ばれている。パパ活は違法という人もいて、言葉の意味や解釈は統一されていない。

実はパパ活という言葉は、交際クラブの大手事業者がマーケティングのために生みだした造語で、事業者の思惑以上に浸透した背景がある。パパ活とは「パパを探す活動」の略、または「パトロンを探す活動」という説もあり、あらゆる面で割を喰っている若い女性たちの能動的な行動から生まれた現象だ。

本書では、若い女性たちの間で常識となっているパパ活と、パパ活女子たちの行動を通じて、日本になにが起こっているのかを探っていこうと思う。

パパ活女子／目次

第二章　パパ活の模範として機能する「交際クラブ」　63

第三章　パパ活男性をウンザリさせる「茶飯女子」　111

第五章 日本社会からこぼれ落ちる「中年パパ活女子」 193

図版・DTP 美創

第一章 女子たちが没頭する「パパ活」とはなにか？

日常の延長としてのパパ活

「いまの若者は常識や倫理観がない」
「我々の世代には、そんな女性はいなかった」
「パパ活なんて自分を傷つけるような、そんな悲しいことをしないでほしい」

パパ活という言葉が世代を超えて広がったことで、このような意見をよく耳にする。筆者は頻繁にＳＮＳにパパ活女子のことを投稿するが、批判的にコメントをしてくる方々の意見がどうも少しズレているのだ。

パパ活女子とは、おもにミレニアル世代とＺ世代の若者たちだ。彼女たちは自分を傷つけているわけでも、倫理観が薄いわけでもなく、もっと生活に近いところでパパ活をしている。

たんなる日常の一部の行動を、上から目線で説教してきたり、そんな悲しいことをしないでほしいと嘆いたりするのは、おもに男性、中高年、高齢者の人たちだ。彼らは昭和時代からずっと続く男女格差、平成以降の新自由主義政策によって生まれた世代格差、経済格差で恩恵を受けている人たちである。

彼らのコメントからは、自分たちの時代にはそんなふしだらなことはなかった、そんな恥ずかしいことはしなかった、というニュアンスを感じる。総じてパパ活女子に対して否定的な意見であり、「援助交際＝売春＝パパ活」と解釈しているのがその理由であろう。

もはや若い女性のなかでパパ活は普通のことである。国家が衰退し、格差が蔓延する現在に生きるパパ活女子と、右肩上がりの高度成長を経験した上の世代とでは、意識も感覚もなにもかもが違っている。年功序列を信じる昔の人間が、上から目線で悲観しながらアドバイスしても、いまを生きる若者たちに役立つことなどほとんどないだろう。

あまりに増えている20代を中心としたパパ活女子に対して、間違った解釈をもとにして意見をする状況ではない。パパ活とは無縁の中流以下の中年男性も、恵まれた時代に生きた中高年や高齢者も、いまの若者たちが日常の延長として勤しむ「パパ活とはいったいなんなのか？」を知る必要がある。

①パパ活と援助交際の違い。パパ活は売春なのか？

②パパ活の定義
③売れないパパ活女子が、相手にされない理由
④どうして普通の女性がパパ活をするのか？
⑤どうやってパパを見つけるのか？

本章ではパパ活をまず総体として理解してもらうために、この5つの観点から考える。

いまのパパ活の急拡大を見ると、娘や妹、隣人がパパ活女子であっても、なにもおかしくない。たとえば、娘や妹にパパ活の疑いがあった場合、心配して涙を流しながら「自分を傷つけるような、そんな悲しいことをしないでほしい」と訴えても、自分を傷つけているわけでも、悲しいことをしているつもりもないので、まったく響かない。会話にならないディスコミュニケーションとなって、家族の溝はもっと広がることになる。

そのような事態にならないよう、ここではパパ活のことをなにも知らない人たちに「パパ活とはどのような現象なのか」を伝えることにする。

①パパ活と援助交際の違い。パパ活は売春なのか？

ミレニアル世代やZ世代の若い女性たちより、恵まれて生きた層（男性、中高年、高齢者）が嘆くように、パパ活は売春であり、自分を傷つける悲しい行為なのだろうか。日本で売春は違法だ。売春防止法で売春は「対償を受け、又は受ける約束で、不特定の相手方と性交すること」とされている。現状では混同されているパパ活と援助交際は、似て非なる行為であり、結論からいうと「援助交際＝売春≠パパ活」となる。パパ活は売春ではないのだ。

パパ活は売春ではなく、援助交際は売春であるという違いを検証するために、まず、援助交際とはいったいなんなのかを振り返ることにしよう。

援助交際という言葉が生まれたのは１９９４年である。

バブルが崩壊して、就職氷河期がはじまっている。社会保障が行き渡らないことが理由で、公園や駅にはたくさんのホームレスがいた。目に見える貧困はたくさんあったが、いまのような一般市民を巻き込んだ圧倒的な格差や貧困は起きていなかった。若者にはコスパという概念はなかった。若者向けのファッション誌にはハイブランドの商品が掲載され、女性たちはかなり高額なバッグや財布を買いまくっていた。

１９９３年、女子高生たちからギャル文化が生まれた。その中心となった渋谷には独特のファッションをするギャルやコギャルが溢れていた。そこで、若い女性がおじさん相手に下着やルーズソックス、性的行為を売る援助交際という現象が起こっている。

援助交際第一世代（１９９３年～１９９５年）と呼ばれる彼女たちは、都内の私立進学校の女子高生たちが中心だった。わかりやすくするために年齢も挙げておくと、１９９４年に高校２年生だったのは、昭和52年生まれ（２０２１年現在は44歳）の女性たちである。

東京の私立高校のクラスヒエラルキー上位の女の子たちは、おおよそ恵まれた育ちで、遊びやファッションの延長として援助交際に手を染めている。

ここに１９９４年の援助交際と、２０１７年のパパ活の共通点がある。

援助交際はクラスヒエラルキー上位の少女たちが、パパ活は華やかな港区女子たちが最先端の行為として手を染め、中年男性に大きなお金を支払わせて同性に羨望されている。そして、その直後に一般的な女子たちに爆発的に広がっている。

いつも偉そうにしている中年男性を性的魅力によってひざまずかせ、大きく稼ぐ姿がカッコよく見えたのか、初期の援交少女や港区女子は同性の憧れの対象となった。

パパ活と援助交際に共通するのは「自己決定」

結局、援助交際という言葉は流行語大賞にノミネートされるほど浸透し、それから第二世代（１９９６年〜１９９９年）、第三世代（２０００年〜現在）と、二十数年の時間をかけて規制強化や摘発が繰り返されて援助交際は変化した。いまは児童売買春を含む売春行為を指す言葉として使われている。

援助交際前史として80年代のテレクラブーム、そしてブルセラブーム（１９９２年〜１９９８年）があった。１９９２年に都内の繁華街に女子高生の制服や体操着、水着、ルーズソックスなどの中古衣料を販売するブルセラショップが誕生している。

日本人男性には、女性は若いほどいいという伝統的な性癖がある。筆者は、マーケティングしながら男性に販売するアダルトメディアをつぶさに見てきたのでわかるが、少女趣味の変態は著しく多く、彼らの欲望は底なしである。ブルセラショップは大当たりとなり、男性客が殺到した。当時の男性客は新人類と呼ばれた世代の男性たちだった。

そして、少女趣味の男性客のニーズに応じるうち、商品ラインナップはどんどん過激化した。女子高生たちから使用済の下着を買い取るようになり、汚れがあるほど高額で売れる。やがて女子高生の体液や排泄物も商品となっていく。

なんでも売れるので、女子高生たちは自分の価値に気づいていった。デフレ前夜の当時の若者たちにはコスパという概念はなく、未成年の消費は活発だった。女子高生たちはテレクラやダイヤルＱ２、ｉモードを使って下着や体液を買いたがる男性客を探し、個人売買をするようになった。男性客と直接交渉するので、必然的に売春行為に走る女子も現れる。その現象が援助交際である。

当時も女子児童との性的関係は厳しく規制されていたものの、滅多に警察沙汰にはならなかった。法律知識のない女子高生や若い女性は、親や学校にバレたくないので警察には行かないだろうという希望的観測があり、表沙汰になるのはほとんどが補導がきっかけだった。パンツの売買はセーフだろう、本番をしなければ大丈夫だろうという手探りの売買のなかで、売る女子高生も買う男性も楽観的な意識のもと、やりたい放題だった。

援助交際には段階がある。行為が深くなるほど価格は上昇する。まず、男性客の目の前でパンツを脱いで直接販売する〝生脱ぎ〟、駐車場や公衆トイレなどで男性の陰部を刺激する〝手コキ〟、そして口淫する〝フェラ抜き〟、最後はセックスする〝本番〟となる。

１９９３〜１９９５年の第一世代の時期は、援助交際の価格は高水準で推移していた。

一度に10万円以上を支払う男性もたくさん存在した。筆者は当時援助交際を経験した女性に何人も話を聞いたことがある。ほぼ全員、男性客のことは軽蔑しながら取引し、もらったお金はカラオケやブランド物の購入で「すぐに使ってしまった」と答えている。

当時の援助交際は、パパ活のように「特定の相手との自由恋愛」ではなかった。たまたま繋がった男性を相手に下着を売ったり、割り切って性的行為を売ったりしていた。少なくとも、疑似恋愛のような継続した人間関係には発展しなかった。

援助交際とパパ活に共通するのは、女性の側が自己決定していることである。援助交際が成熟するとブローカーのような役割を果たす者も現れたが、基本的には誰かに管理されるわけでなく、男性と直接繋がって対価を請求していた。テレクラやダイヤルQ2というツールを使って、自分で下着や性行為を売ることをアピールし、おじさんが群がるという構造である。

援助交際は、主役が未成年だったことがまずかった。未成年が性的行為を売る援助交際は、法的に問題があった。当然、法規制が入る。女性が保護や罰則の対象となる売春とは区別され、買う側が罰せられる児童買春の問題となった。

1999年に児童ポルノ法が施行され、ブルセラショップや買春男性が摘発される。ブルセラショップも本物のブルセラビデオも、数年間をかけて消滅する流れになった。ちなみに最終的には未成年が撮影された映像やデータの単純所持も禁止され、いまは児童ポルノは麻薬と同じ扱いとなっている。

違法行為というレッテルをはられた援助交際は、反社会的組織がかかわりながら地下に潜り、未成年、成人を問わずに援助交際希望者は組織化された。出会い系サイトやSNSなどで男性客を探して管理売春をさせる〝援デリ（援助交際デリバリー）〟がアフター・ブルセラの主流で、いまパパ活サイトで女性のフリをして集客する業者は地下で活動する彼らである。

このような流れから「援助交際=売春、買春」となった。援助交際とパパ活は混同されているが、成人女性が特定の男性との恋愛や疑似恋愛を目指すパパ活は、援助交際とは異なるものだといえる。

②パパ活の定義

一方、現在、多くの女性が没頭する「パパ活」は、語源も含め、交際クラブからはじまっている。交際クラブは男性、女性ともに身分証明の提出と審査があり、成人男女に出会いの場を提供している。オンラインのパパ活は交際クラブの機能をアプリ化したもので、成人ならば誰でも手軽にパパ活ができるようになっている。

交際クラブは、かつてデートクラブ、愛人バンクなどと呼ばれていた。『パパ活の社会学』（坂爪真吾、光文社新書）によると、売春防止法が施行された後に「紹介売春」という業態が生まれ、１９８３年に愛人バンクが注目される。愛人バンクは社会的地位が高い男性が顧客の中心で、プロの風俗嬢ではなく、素人の若い女性と関係をもちたいニーズがあったという。

１９８３年から現在まで30年以上をかけて、違法性や悪いイメージを払拭するために改良が重ねられて、現在の交際クラブがある。「パパ活」は男性へのサービス業である交際クラブを中心としながら、優雅で華やかな生活を発信する港区女子の影響を受けた一般女性を引き寄せて、誰でも気軽に足を踏み入れることができるほどカジュアル化して現在に至る。

ここで「パパ活の定義」をしたほうがいいだろう。

パパ活の定義① デートして、その見返りに金銭的な援助をしてくれる男性を探すこと
パパ活の定義② 第三者がかかわることなく、自己決定する
パパ活の定義③ （高校生ではない）18歳以上

「パパ活の定義①〜③」のすべてに該当することが「パパ活」である。

男女の自由恋愛が前提で、仲介する交際クラブは最初のデートをセッティングするまでが業務だ。紹介されて出会った2人の間に、第三者は不在であり、女性も、男性も、誰にも管理はされない。女性も、男性も、その場で断っても、法外な報酬を要求しても、またはそのまま結婚してもなにも問題ない。

女性が業者に管理され、性行為を義務づけられる性風俗や援デリとはまったく別物である。「パパ活の定義②」にあるように、出会った相手と付き合うか付き合わないか、肉体関係になるかならないかは、当事者たちの自己決定による。

パパ活のツールとして使われる交際クラブは「東京都デートクラブ営業等の規制に関す

る条例」、パパ活サイトは「インターネット異性紹介事業を利用して児童を誘引する行為の規制等に関する法律」に基づき、すべて18歳以上の確認をしてから使用許可されるシステムになっている。よって、パパ活する男性も、パパ活女子も全員が18歳以上となる。

パパ活の定義をしたところで「パパ活ではない関係」を挙げていこう。

パパ活ではない関係①　未成年（18歳未満）との関係
パパ活ではない関係②　業者や第三者に管理されている女性との関係

この「パパ活ではない関係①②」の男女関係は、パパ活と呼ばないことにしたい。未成年との性的な関係は犯罪であり、成人同士のパパ活とはわけて考える必要がある。すでに児童買春を指す言葉として援助交際があるので、対価を支払った未成年との関係はパパ活でなく、援助交際とするのが自然である。
「パパ活ではない関係②」の管理されている女性との関係は、女性に自己決定権がないのでパパ活と呼ぶにはふさわしくない。しかし実際には、援助交際デリバリーなどの違法な管理売春業者がオンライン上のパパ活市場に参入してきている。男性側からは女性が管理されているか、されていないかはわからないので、本人はパパ活のつもりで対価を支払って関係を結んでしまうこともあるだろう。その性的関係はパパ活でなく、売春であるとしたい。

恋愛を求める男性、お金が欲しい女性

パパ活ではない関係は重要なので、もう少し考えていこう。「パパ活ではない関係②」と似たような立場に水商売の女性や風俗嬢がいる。労働者として任されている業務と、本人に自己決定権がある勤務時間外の男女関係は別だ。水商売や風俗嬢と店の勤務中に出会って、その後に金銭のともなう男女関係になるのはパパ活として成立している。

金銭がともなわない関係はどうだろうか。金銭が目当てでなく、恋愛相手を探すためにパパ活をしている女性もいるかもしれない。「パパ活の定義①」にある「デートして、その見返りに金銭的な援助をしてくれる男性を探すこと」に該当しないので、パパ活のツールを使ったとしても、それはパパ活よりも恋活（恋人探しを目的とした活動）だといえるだろう。

もう一つ、パパ活の定義として触れておきたいのが、一部の女性がいう「お茶だけ、食事だけの関係こそが本来のパパ活」という主張だ。

謝礼をもらうギャラ飲みや食事で大きく稼いでいることをアピールする港区女子の影響からか、「パパはパトロンであるべき」「若い女の子を恋愛対象として見るのではなく、応援するために奉仕の精神で援助するべき」「恋愛や肉体関係を求めるなんて、本来のパパ活からは外れている」というニュアンスの発言を、一部パパ活女子たちから聞く。

自分たちの貴重な時間を使って、お茶や食事を一緒にしている。若い女の子の時間に価値を認めるべきで、一緒に時間を過ごした女性にそれなりに大きな金額を支払うことこそがパパ活の本来の姿だというのだ。これは、若い女性に恋愛感情を抱いて肉体関係を望むパパ活男性に対する批判でもある。

若い女性との会話に大きな価値を感じたり、若い女性に奉仕がしたい男性がたくさんいるならば、その主張は正しい。しかし、女性の実力不足もあり、そのような男性は女性が思っているより、はるかに少ない。仮に存在したとしても、相手がよほどの女性か、そうでなければ、お金を払っている男性の本心は違うところにある。

会話や食事だけの関係で稼ぐ港区女子やキャバ嬢は、ファッションや美容に投資し、華やかな外見で自分自身の存在価値を高めている。多少かわいい程度の一般女性が、若いことだけを売りにして男性に価値を認めさせるのは非常に難しいだろう。

恋愛やセックスに価値を認める男性と、時間の価値を認めろと要求する女性の対立が示すように、パパ活はお金目当ての女性と、恋愛や疑似恋愛をしたい男性とで目的が異なっていることが特徴だ。

恋愛や疑似恋愛をしたい男性のニーズを満たすか、存在価値を高めた女性の時間を男性に納得させるか、どちらかでないと長期的な関係は実現しない。結局、嘘や演出、どちらかの勘違いが入ってきて、どういう関係を築いていくのかという攻防となる。目的が違う男女の人間関係なので、恋愛のようにすんなりと進行しないのだ。

晴れて特定のパートナーとなった男性は、女性にとって「パパ」になる。ちなみに婚姻関係のパートナーは「夫」「配偶者」、恋愛関係は「彼氏」「恋人」、パパはそこにもう一つ加わった男女関係のパートナーだ。金銭的援助があることが前提なので、年下男性というケースは少なく、お金をもっている年上男性がほとんどとなる。

法律的には18歳以上の男女の自由恋愛なので違法ではない。成人した男女が付き合ったら、その先に肉体関係があるのは当然という考え方だ。しかし、相手が既婚者だったら不貞行為になるので、損害賠償請求をされる可能性はある。

いま肉体関係をともなう男女関係は、「婚姻」「恋愛」「パパ」「愛人」「買売春（風俗）」と5種類ある。婚姻関係はひとりの配偶者のみ、恋愛関係はそのときに好きな者同士、愛人は配偶者以外の愛する異性、買売春は不特定多数の男性と性交して対価をもらう短期的な関係だ。そこに金銭的援助を前提にしたパパが加わったことになる。

パパ活の一般女性への浸透が２０１７年とすると、まだ数年しか経っていない。模範的なモデルケースが少なく、あるべき姿が確立されていない。パパ活は目的や思惑の違う男女が試行錯誤しながら着地点を探している最中で、まさに流動期だ。恋愛がしたい中年男性と、お金が欲しい女性の間で、婚姻、恋愛、愛人、買売春では起こりえない人間模様が繰り広げられている。

③売れないパパ活女子が、相手にされない理由

パパ活女子とは、どのような女性か。あらゆるタイプの女性がパパ活市場に参入してい

るので十人十色だが、手塚ユリアさん（仮名、32歳）のケースからはじめよう。

結論からいうと、ユリアさんのパパ活はまったくうまくいっていない。パパ活はお金を払う側の男性のニーズを女性が満たすか、満たさないかなので、ニーズからズレてしまうと売買は成立しない。男性はメールのやりとり、顔合わせ、食事と時間をかけて、段階を踏んで相手を品定めするので、ニーズを満たすことができない女性はどこかで脱落してしまう。

パパ活で男性が求めるのは、若さ、ルックス、清楚さ、恋愛、セックスだ。若いほど価値が認められる市場なので逆年功序列制が働いている。ユリアさんは港区女子的なスタイルの成れの果てというか、自己中心的で男性側のニーズに興味がなく、逆年功序列制への認識不足で売買がうまく成り立っていなかった。意識や行動を改善したほうが円滑に進行するが、その自覚もなかった。

彼女はおそらくハズレ女子、地雷として大部分のパパ活男性から嫌われている。そのような女子を最初に取りあげる理由は、いまのパパ活市場には男性のニーズを理解していない女性が、かなりの割合を占めているからだ。女性も、男性も、個人で活動しながら的確にセルフプロデュースすることは難しい。パパ活はキャリアが認められない、潰しが効かないので、うまくいかない女性は同じ場所にずっと吹き溜まってしまうことになる。

午後3時以降にお会いできる方が嬉しいです。
エスニック料理とカラオケが好き♡
グラマー体型なので細身が好きな方はごめんなさい。
楽しくお話できる年上が好きです。

これはユリアさんのプロフィールだ。オンラインのパパ活は、パパ活に特化したマッチングサイト（パパ活サイト）が利用される。男性会員は女性会員の、女性会員は男性会員のプロフィールを閲覧して気になる相手にメッセージを送る。相手の情報は写真とプロフィールだけ。男性たちはまずパパ活女子が書いた数行の文面から、自分のニーズに合う女性かを探る。

それにはパパ活女子の立場に立った読解が必要になる。「グラマー体型なので細身が好きな方はごめんなさい」と体型に言及していることから、食事だけの関係ではなく、相手によっては肉体関係ＯＫの可能性がある。「年上の方が好み」とわざわざアピールするところに、活動に慣れたあざとさ、ビジネス的なニュアンスを感じる。

男女のどちらかが気にいった相手にメッセージを送り、やりとりしながら、実際に会う〝顔合わせ〟に進むか、進まないかを決める。

パパ活が流行した背景に、誰でも安価で簡単に活動ができるオンラインツールの発達がある。素人女性にとって、業者が介入する交際クラブはハードルが高い。そのため婚活、恋活と同じく、おもにインターネットサイト、アプリを使ってパパ探しが行われている。どのサイトも登録のときに写真つきの身分証明書の提示が必要で、男性会員は利用料を支払い、女性会員は登録と審査だけで異性の情報を閲覧できるシステムだ。

パパ活は性的被害やストーカーなどのリスクもあり、男性も女性も多くが匿名で活動している。身バレや相手の危険性も気になるので、文字の自己紹介のみが普通である。

ユリアさんは華やかな印象を与える写真を掲載していた。「その日はダブルで茶飯か顔合わせをいれるので、新宿ならいいですよ」とメッセージが返ってきた。「ダブル」とは一日2人以上の男性と会うこと、「茶飯」とは男性と喫茶店で会う、もしくは一緒に食事することをいう。そして「顔合わせ」は、オンラインや交際クラブで繋がった男女が、最初に会うことだ。

ユリアさんは、時間ぴったりに現れた。写真では華やかで若々しかったが、実際は年齢通り、メイクは濃く、やや太っていた。大きな胸を強調した服装で、印象は水商売っぽい。おそらく男性には写真詐欺とガッカリされるほど、写真と実物に差があった。

「元々はモデルと地下アイドルやっていたの。そこから、水商売とかイベントコンパニオンとかいろいろやって、なんとか生きている感じかな」

元アイドル、元モデルと自称する女性がパパ活女子に一定数いる。

パパ活は「パトロン探し」という一面もあり、実際に人気アイドルやタレントのパパ活女子だった過去がよく暴露されている。芸能の仕事は売れなければ、自分の生活を支えることもできない。パパ活は男性が写真やプロフィールを見て会いたいと思えばオファーがあり、魅力が認められれば援助してもらえる。時間が自由で自分の魅力がお金になるパパ活は、ブレイク前の芸能人には取り組みやすい仕事なのだろう。

しかし、未来のある芸能人の卵ならばまだしも、行き場所がなく、生活のためにパパ活をする元・売れない芸能人は厳しい。アイドルやモデルの経験があってもルックスが優れているとは限らない。人によるが、おおむね自己顕示欲が強く、自己評価も高い傾向がある。現実以上に自分を高く売りたい、直接会うだけでも価値があるはずという意識が少なからずあり、素人女性との恋愛を求める男性のニーズとズレていることがほとんどだ。

「正直、パパ活はうまくいってないかな」

浮かない表情、半分投げやりになっていた。32歳になり、元アイドル、元モデルという経歴がもう評価されなくなっている。19歳のときに地下アイドルユニットが解散、それ以降はキャバ嬢、イベントコンパニオン、イベントでのスタイリスト、バーテンダーなどを経験しながら、現在に至る。年をとり、体型が変わっても、若い、かわいいと認められていたアイドルやキャバ嬢時代の意識から抜けだせていないように見えた。

「いままでの収入のメインはイベントコンパニオン。それがコロナで全部なくなって、本当に大打撃。最初の緊急事態宣言でほぼ全部の仕事がなくなった。ゼロ。それとコロナの前は定期っぽいパパもいて、その人は飲食店経営者だったけど、コロナで自然消滅しちゃった。仕事もパパもなくなってパパ活再開したのが、いまかな」

「定期」とは特定のパパやパパ活女子がいる状態をいう。お互いが納得して、定期的に会う関係である。パパ活界隈でもっとも頻出する言葉の一つである。

コロナによって〝定期っぽかった〟飲食店経営者と会えなくなってから、1年近く活動している。しかし、まだ新しい定期は見つかっていない。パパ活も、恋活、婚活と同じく、特定のパートナーを見つけるのは簡単ではない。

元パパだった飲食店経営者は、コロナによって女性に援助できる状態ではなくなったようだ。パパを希望する男性の収入は高い傾向にあり、属性としては中小零細企業の経営者が多い。事業がうまくいっている中小企業経営者は、従業員に売り上げを分配するのは嫌でも、女性にはどんどんお金を使ったりする。

パパ活は景気に大きく影響される。景気が悪いとパパ活女子は増え、逆にパパは減る。コロナによる景気悪化は女性の新規参入が増えただけでなく、男性にも変化があった。緊急事態宣言で繁華街から人がいなくなった２０２０年4月以降、パパ活市場から飲食店経営者が一斉に引いている。パパ活は経済的に順調な男性たちが女性にお金を使う現象でもある。

お茶1万円、食事2万円、肉体関係4万円が条件

ユリアさんの話に戻ろう。

「パパ活をはじめたのは、4年前。最初は交際クラブ。だから価格は、交際クラブのときと同じ金額に設定しているかな。交際クラブは男性が、相手の女性が設定した金額の他に、入会金と紹介料をクラブに払うのね。だから、あまり価格を高くしないほうがいいっていわれた」

4年前から交際クラブに登録するベテランパパ活女子だった。交際クラブで依頼がなくなり、活動をオンラインに移している。お金目的を前面にだしたビジネスライクなパパ活をして、感情的にはかなり醒めていた。

「いまの金額はお茶1、食事2、大人4以上かな。価格は他の人たちの金額とか、交際クラブ時代の値段を参考にして割りだしたの。交際クラブはセッティング料がかかる。それに入会金とか払っているし、その人が1か月だけ交際クラブに登録しようってとき、その人は払う金額が10万円を超えちゃう。4だと交際クラブへの支払いも含めて10万円、ちょうどいいかなって。だから、本当は大人5っていいたいけど、4にしている」

お茶1、食事2、大人4とは、喫茶店で顔合わせやお茶をしたら報酬は1万円、一緒に食事をすると報酬は2万円ということ。「大人」とは肉体関係のことで、これもパパ活では頻出する単語だ。彼女は肉体関係の価格を4万円としていた。男性が女性に支払う金額は男性から提示する場合もあれば、彼女のようにあらかじめ金額を決めている人もいる。

4年前の交際クラブでの価格をそのまま維持している。パパ活は女性の供給過多状態なので、価格は下落している。彼女のパパ活が不調なのは、まず男性たちに値段が高いと判断されているからか。さらに4年前は28歳、現在は32歳。女性の価格は若いほど価値が高い逆年功序列が採用されるので、実質値上げをしていることになる。

女性の目的はお金だ。少しでも好意を持てるパパを見つけ、定期的なパートナーから収入があったほうが合理的に稼げる。しかし、ユリアさんは出会う男性自身やそのニーズに興味がなく、どれだけ失敗を重ねても、改善する気がない。当然の結果として、相手は見つからない。話を聞いていると、肉体提供が最大のニーズだと思っていて、恋愛や疑似恋愛という人間関係は拒絶していた。

10代の頃からモデルやアイドルを経験し、それからキャバ嬢、イベントコンパニオン、パパ活とキャリアを重ねている。10代のアイドルの一時期だけ成果がでたが、それ以降は低調なようだ。思うようにいかないことがパパ活でも続いていることになる。

アイドルやモデル、水商売やパパ活でも同じだが、女性が若さやルックスを売りにする市場では、若い女の子は次々とでてくるので、一時はよくてもすぐダメになる。ダメになっても、他に行き場所がないので踏みとどまる。苦しい状況だが、個人活動なので情報や助言がなく、どうして結果がでないのかわからなかったりする。彼女はしばらく前に定期パートナーを見つけることは諦め、売春的なパパ活をメインとしていた。

「定期が欲しいけど、本当に難しい。月単位で必要な金額を払ってくれるなら、結婚してもいいかな。すごく年上でもいいし、ゲイとかでもいい。パパ活しても相手に興味ないし、相手が見つからないし、適当に待ち合わせて顔合わせのお茶1を何人も繰り返したり、そんな感じ。食事は回転ができないから値段を高くしているの。そんな食べれないでしょ」

プロフィールに掲載する写真はかわいくて華やかだ。年上が好きと伝えて、さりげなく肉体関係の可能性も匂わせているプロフィール上は相手のニーズを満たしているので、顔合わせまでなら相手は見つかる。しかし、割り切った肉体関係ならばいいものの、彼女と食事デートするのは厳しそうだ。楽しい会話ができるような態度はとらないだろう。

パパ活に慣れない男性が写真と実物の違いにガックリしながら、ふて腐れたような女性を前に食事して、あらかじめ約束していた顔合わせ1万円や食事2万円を渋々支払う。そんな寒々しい風景が想像できる。売春的な行為をしても、慣れ切ったプロっぽいセックスだろうか。いずれにしても、また会いたいという定期には発展しようがないだろう。

男性のニーズを察して表面的にでも改善すれば、結果は違ってくる。しかし、情報がない彼女は改善点がわからないので、延々と盛りあがらない顔合わせや食事、お金のためだけに肉体提供するパパ活を繰り返していた。

「顔合わせでは、いつも、けっこう嫌な雰囲気になる。だから面倒くさいので、すぐ大人なの。セックスは誰とでもできる。不潔じゃなければ、誰でもいい。逆に茶飯しながら段階を踏んで仲良くなって、疑似恋愛みたいなことはキツイ。だから、ホテル直行直帰みたいな。パパ活していると茶飯1、大人3っていってくる人が多い。なんとか強くいって4

もらっている。でも、そんなのさえも、簡単に見つからない」

　何人と肉体を交わしても、次に会いたいといってくる相手は現れない。一度きりの顔合わせや売春的なパパ活は、都度相手を見つけてオンライン上で関係を築かなければならないので、膨大な手間がかかる。仕事としてはまったく割に合わない。合理的に稼ぐためには長期的な関係を築くことが必要だが、彼女はセックスを提供する意識しかなかった。

「ずっと歌手になりたくて、いままでやってきたのね。その才能がないって気づいたのが地下アイドルのときかな。裏方にまわってそれなりにやってきたけど、コロナでそれもダメになった。パパ活でなんの感情もなくセックスばかりして虚しいといえば、虚しい。けど、才能がなかったんだからしょうがないよね。不満はないですよ、仕方ないって」

　この後、46歳男性とこの喫茶店で顔合わせるらしい。もう数十分後の想像がつく。写真の華やかな女性を期待した46歳男性は、顔を見た瞬間にガッカリする。そして彼女は、いつものように興味なさそうな態度を崩さない。男性は気を使いながら、なんとか会話を成立させようとするが、寒々しい雰囲気は続く。お開きになる頃、1万円を請求され、いったいこの時間になんの価値があったのかと、モヤモヤしながら渋々支払う。そんなことになるはずだ。

新しい女性と出会い、そこからはじまる恋愛や疑似恋愛を期待した男性の気持ちは行き場所がない。誰も得しないマイナスしかない最悪な出会いだろう。

それはパパ活の一つの現実なのだ。

④どうして普通の女性がパパ活をするのか？

ユリアさんのケースは実物と写真の印象が違う、若くない、太っている、プロっぽい、相場よりも高い、目的は露骨に金銭だけ、相手に興味がないと、ネガティブ要素だらけだった。このような姿勢と態度では、うまくいくはずがない。

誰も得しない寒々しい出会いをひたすら繰り返すことは、彼女自身にも精神的なダメージがあるように見えた。相手に合わせて改善する、もしくは向いていないと自覚してパパ活から足を洗い、たとえば性行為を提供する風俗嬢への転向などが望ましいが、いまは選択肢がパパ活しかない状態だった。相手の男性だけでなく、自分自身も傷つけながら実のない活動を継続していた。

パパ活は売春的な行為をするというやり方もあるので、ユリアさんのような玄人的な女性もたくさんいる。ただ、潰しが効かない仕事なので、次のステージに移りようがなく、吹き溜まってしまう。2017年のパパ活流行以前までは、彼女のような玄人女性でも買い手はいたが、いまは続々と普通の女性が流入して過熱状態になっている。普通の女性とは、昼間の職業をもつ女性のことだ。

大学生、専門学校生、会社員、医療従事者、家庭のある主婦など、特にコロナ以降は普通の女性の増加に拍車がかかっている。女性が圧倒的な割合を占める買い手市場だ。大学や専門学校のクラスメイト、高校時代の同級生、職場の同僚、部下、妹や娘がパパ活女子であっても、なにも不思議ではない現実がある。

一刻も早くパパ活をはじめたい27歳の医療従事者女性

【急募!!!!】

はじめまして!　プロフィール見てくださりありがとうございます。

私は医療従事者ですが、いろんな事情が重なって、あまりにも生活が苦しくなってこちらのサイトをやっております。
なるべく早く、できればすぐに、会える方を探しています！

「実は新型コロナの陽性でした。3週間入院して経済的に破綻しちゃいました。本当にどうにもならなくて、いまサイトを使ってパパ活している最中です。この半月くらいでパパが見つからなかったら風俗やるしかないかな、と思っています」

青ざめた表情で語る三浦七海さん（仮名、27歳）は、総合病院に勤めるリハビリ関連の療法士。年齢相応の清楚な女性で、待ち合わせたのは勤務先の総合病院の帰り。通勤中なのでラフなTシャツ姿だが、職場では白衣をまとってポニーテールにして働いている。理知的で、社会性が強いマジメな性格は、挨拶して少し話しただけですぐにわかった。

「先月は丸々仕事ができなくて、非正規なので収入がゼロで家賃も光熱費も、食費もないような状態なんです。もうお金がカツカツなので、おふたりとはできるだけ早く会おうと思っています」

パパ活サイトに登録して、まだ10日程度。いまはメッセージのあった2人の40代男性とメール交換している途中で、内容は日々の出来事の報告などだ。常勤なので仕事はかなり忙しいが、とにかくお金がなく、一刻も早く顔合わせ↓デート↓条件によっては肉体関係と、パパ活を進行させることを希望していた。

七海さんは県内トップクラスの高校から医療系大学へ、そして大学院修士課程まで修了していた。３年前の就活で失敗、いまは総合病院の非正規職だった。時給払いで働いているので家賃の高い東京でひとり暮らしをすると、貧困状態となる。コロナ罹患前から経済的にギリギリで、部屋と病院を行き来するだけの生活だった。

緊急事態宣言が発令される直前の２０２０年３月末、病院内で人事異動があった。異動先の病棟からＰＣＲ検査を求められ、陽性反応がでた。病院は大騒ぎになり、シフトはすべて外されて、そのまま勤務する病院に緊急入院する。

「感染経路はわからないけど、たぶん院内感染。無症状で自宅待機か入院かだったけど、ひとり暮らしでなにかあってからでは遅いってことで緊急入院。感染症指定病院ではないので病室をセパレートしているだけ。治療はなにもなくて、ただただ隔離されていただけでした」

「一日2食は食べたい」がパパ活のモチベーション

女性の貧困の最大の理由は、非正規雇用が認められたことだ。非正規女性の平均賃金は年収１５２万円（２０１９年、民間給与実態統計調査）と極端に安く、七海さんだけでなく、ひとり暮らしをする非正規女性の多くは相対的貧困（世帯の所得がその国の等価可処分所得の中央値の半分に満たない状態）に該当する。

手取りは10万円代後半、そこから10万円近くの家賃を支払って奨学金の返済をするので、可処分所得は生活保護の最低生活費程度しかない。ギリギリの生活を余儀なくされ、そんな状態のときにコロナにかかって破綻した。

「いまは年収２００万円以下です。病院は副業禁止なので収入はそれだけ。だから貧困状態で苦しくても、ダブルワークは無理。生活はカツカツ、本当に厳しい。家賃を払って残るお金は月５万円か、６万円。そこからけっこう高い光熱費や通信費を払う。社会人になってから食事は一日１食にしました。毎日、お昼ごはんしか食べてない。一日２食は食べたいです」

蔓延する女性の貧困は性風俗や売春だけでなく、もちろんパパ活にも繋がってくる。長年勉強して国家資格をもって専門性のある技術を提供しても、一日１食しか食べることができない。家賃の滞納を全部キレイにして、生活もせめて一日2食は食べたいというのが、パパ活へのモチベーションになっていた。

低賃金による貧困だけでなく、さらに恋人からも足を引っ張られていた。2年前に同じJリーグチーム好きの男性と知り合って意気投合した。男性は七海さんの家にくると、たびたび財布からお金を盗っていった。

「元彼は、一つ年下のサラリーマン。DVとかお金を盗られるとか、いろいろあって別れました。別れたのは去年。でもその後も居候された。単身用アパートだから、一緒に住むのは無理っていっていたのに、深夜でもピンポンピンポンピンポンってくる。近所に迷惑じゃないですか。仕方なくいれちゃうことを繰り返してました」

暴力がもっともヒドかったのは、先月（2020年4月）。コロナ入院ののち、仕事復帰してから2週間が経っていた。

「先月、顔面があざだらけになりました。仕事のときは化粧してなんとか誤魔化して。ここは私の家だよね？　ってケンカに。お金の心配もあって私が溜まりに溜まっていて、私のいい方も悪くて本当にヒドイことになりました。最終的にすごい暴力を受けた」

髪の毛を摑まれて投げ飛ばされ、馬乗りになって何度も殴られたらしい。鼻血が噴きだして、顔面と相手の拳、床は血まみれになった。

「ボコボコでした。警察に行きました。家からどうしても追いだしたかったので警察に頼った。入院中も家を使われまくって、光熱費とかもすごくて。大きなケガをしているので警察から傷害罪にするか聞かれて、二度と近づかないように注意してもらって終わらせました」

厄介者はいなくなったが、収入は途絶え、お金がまったくなくなった。非正規なので働かなければ無給、救済制度はなにもない。入院費用の請求がきた。貯金はない。病院に払ったことで家賃と光熱費が払えなくなり、何通もの請求書が送られてくる。払いたくても払えない。誰かに迷惑をかけていると思うと胸が痛くなる。

いまは家賃は滞納状態で、最低限の食費はクレジットカードからキャッシングしている。元のギリギリの生活に戻るためにはパパ活で稼ぐしかなかった。そして10日前、おそるおそるパパ活サイトに登録した。

「本当にすぐお金が必要。空いている時間にできることってパパ活とか、風俗しかなくて。何人か友だちに相談してもそれしかないって。経験ない私にカラダを売れるかわからないけど、もう覚悟を決めてやるしかないと思っています。いまは週6日勤務で、時間的な制約だらけ。だから風俗も難しい。個人的に定期で会ってくれる人が一番都合いい。だから、パパ活です」

パパ活サイトのプロフィールに【急募】とある。２名の中年男性から反応があった。定期的な援助を希望していて、相手に対して肉体提供することは、もう覚悟しているという。しかし、まだ男性に会うに至っていない。

「大人っていうんですか、金額は３万円にしました。あと数日間、パパと会えなかったら風俗に行きます。入院中に、最悪こうなるかなと思って風俗求人を調べました。風俗がどんなところか少しわかってきました。本当に切羽詰まっているのでデリヘルでも、ソープランドでもいいかなって。一秒でも早く請求されているお金を払ってスッキリしたいです」

最低でもすぐに20万円がないと、マイナスがゼロにならない。肉体関係の報酬を３万円にしたのは、大人の相場２万円〜５万円とインターネットに書いてあったから。真ん中をとって３万円にした。

この七海さんのケースで伝えたかったのは、女性の貧困や、貧困までいかずとも働いても貧しい生活しかできないことがパパ活市場に影響していることだ。ギリギリの生活も維持できなくなると、すぐにお金が必要になる。新しい仕事を探す余裕もないのだ。

今日も総合病院で白衣を着て働いた。空いている時間はあまりない。男性たちと駆け引きしている時間も余裕もないことが、即時の肉体関係をＯＫにしている理由だった。すぐに売春的な行為をメインにしたパパ活をする予定であり、おそらくもうしていることだろう。

⑤どうやってパパを見つけるのか？

たび重なる緊急事態宣言によって経済活動は深刻に停滞した。富む者はもっと富み、貧しい者はもっと沈む過酷な状況となった。もっとも影響を受けたのは、雇用の調整弁と呼ばれる非正規労働者で、予想通りおもに女性や若者の雇用が失われた。

思い返すと、感染症がやってきてまず保育園が混乱し、そして繁華街とパチンコ店が批判のターゲットになった。すべてのイベントが中止となり、飲食店、カラオケ店、百貨店などが営業できなくなった。繁華街から人がいなくなり、キャバクラや風俗店は売り上げが激減した。

どの業種もギリギリの生活を送る非正規雇用や、業務委託の女性たちが働いていた業種だ。そして、生活が不安定になったことが引き金となって、膨大な数の女性たちがパパ活に流れ込んでいる。現段階では困っていない女性も、貧困が蔓延している社会そのものに心理的恐怖を覚えて、空いた時間でパパ活をしようという動きがある。

では、パパ活女子になると決めた女性たちは、どうやってパパを見つけるのだろうか。いくつかのルートがある。

パパ活サイト、出会い系サイト

いま、20代の若者たちはマッチングアプリでの恋活、婚活が常識だ。40代以上にはあまり知られていないが、それまでの出会いの場所だった学校や職場より、アプリを介した出会いのほうが多いだろう。

パパ活女子は20代が中心で、パパ活の主戦場も、スマホ一つで活動できるパパ活サイト、パパ活アプリになっている。マッチングアプリは個人で活動するためのツールで、オンライン上での年齢確認だけで登録ができる。女性は無料、男性は月５０００円程度の定額料金を支払う。入会審査のある交際クラブには劣るが、有料なので男性の質は悪くなく、女性会員のほうが圧倒的にボリュームは大きい。

人気パパ活サイト「Sugar Daddy」は会員データを公表している。

会員の男女比は男性28パーセント、女性72パーセント。男性会員の職業は会社経営36パーセント、オーナー21パーセント、会社役員14パーセント、会社員13パーセントで、会社経営＆オーナー＆会社役員で71パーセントを占めている。男性の社会的ステイタスはかなり高い。

女遊びをするのは、昔から経済的に余裕がある層だ。パパ活は上層男性の道楽なのだ。

男性会員の年齢は18歳～29歳9パーセント、30代31パーセント、40代37パーセント、50代17パーセントとなり、中年が中心で20代は極めて少ない。

一方、女性会員の職業は学生31パーセント、会社員26パーセント、アルバイト12パーセント、モデル＆芸能関係9パーセント、看護師5パーセント。学生と非正規を含む会社員の割合は予想通り、そしてモデルや芸能関係が約1割いる。モデルやタレントで成果をだせるのは一握り、パトロンを探してなんとか芸能活動を続けたいということだろう。年齢は18歳～29歳が79パーセント、30代が16パーセントと圧倒的に若い女性が占めていた。

このデータから「おもに20代前半の大学生や会社員が、父親世代のパパを探している。パパ活女子は男性の2倍以上の人数で供給過多状態」であることがわかる。パパ活サイト、アプリはオンラインで登録して自分でプロフィール作成をすればすぐに活動ができる。男女どちらからでも、気にいった相手にメッセージを送り、顔合わせのアポイントをとる。

オンライン上での男女の出会いのリスクは、業者が紛れてくることだ。無料で使える女性サイドにはサイトを盛りあげるためのサクラや、女性になりすました援デリ（援助交際デリバリー）業者がいる。男性サイドだと、お金が欲しい女性を風俗やＡＶ女優に勧誘するスカウトがいるかもしれない。オンラインのパパ活は、危険を回避するためのリテラシーが必須で、「大手」「男性会員が有料」のサイトやアプリが使いやすいといわれている。

交際クラブ、デートクラブ

交際クラブは男女の出会いをセッティングする。男性会員は高額な入会金、紹介（セッティング）料が課せられる。クラブは初回デートの待ち合わせまで介入し、以降はそれぞれ個人間の交渉となる。

交際クラブは「東京都デートクラブ営業等の規制に関する条例」によって公安委員会に届けをだしている。警察の管理下で営業しているので違法ではない。男女ともに入会時に審査があり、クラブが求めるスペックに達しているか、男性は職業や年収、女性は容姿をチェックされる。審査に通過すれば入会が認められる。医師や弁護士、経営者、エグゼクティブなど、年収とステイタスの高い男性会員を集めているクラブほど、女性会員の審査も厳しく、誰でも入会できるわけではない。

元々女性たちは交際クラブでパパ探しをしていた。女性会員も生活が苦しい貧困女性より、より豊かな生活をしたい中流、上流層の女性が多かった。高額の入会金、セッティング料を支払うことができる男性は経済的に余裕があるアッパー層で、女性会員のほうも上流の男性に釣り合うような女性である。男性会員は事業が成功している中小企業経営者がもっとも多いといわれている。

キャバクラ、クラブ、スナック

意外と知られていないが、水商売（キャバクラ、クラブ、スナック）でホステスや従業員をすることも「デートして、その見返りに金銭的な援助をしてくれる男性」との出会いの場として機能している。出会いの場所が限られている地方では、特にその傾向が強い。

水商売の女性従業員は酔客に口説かれるのは日常だ。実際に金銭的な援助つきの愛人、不倫、恋人、婚姻に発展することも普通にある。キャバクラ、クラブは指名制で、男性客はお金を払って女性従業員に会いに行く。男性客が女性従業員に対し、個人的な関係を望むのは自然な流れといえる。

男性客と女性従業員の肉体関係は、枕営業と揶揄されることもあるが、男性客からのニーズを受け入れるか、かわすかは女性次第となる。

スナックは女性従業員の接客ではなく、男性客が酒を飲み軽食を食べながら、会話やカラオケを楽しむ場所だ。地域の中高年男性や高齢者が集まる憩いの場だが、スナックでも酔った男性客が女性従業員を口説くことは日常だ。ママやアルバイト女性と金銭が介在する関係になったりする。

肉体関係となった女性に、なにもいわなくともお金を支払う文化が根づいている地域もあり、パパ活を目的に女性がスナック勤務することもある。パパ活をしながら就労収入がはいってくる上に、勤務時間中にパパをじっくり選べるメリットもある。ダブルインカムになるので非常に合理的だ。

ツイッター

ツイッターは10年前に日本で普及してから、ずっと援助交際や個人売春の温床になっている。特にパパ活サイトや交際クラブを使えない、未成年女子に積極的に利用されている。いまも無数の未成年女子たちがツイッターで買春客を探している。

ツイッターはアカウントをつくって１４０字までのつぶやき（文章）を投稿するソーシャルネットワーキングサービス（ＳＮＳ）で、#（ハッシュタグ）をつけることで検索されやすくなる。たとえば援助交際の相手を探したいとき、「東京ＪＤ相手募集 #援交」と投稿すると、女子大生を相手に援助交際したい男性の目に留まる。男性はメッセージのやりとりができるＤＭ（ダイレクトメール）を送り、直接価格交渉して待ち合わせのアポイントをとる。

さて、ツイッター上でのパパ活はどうなのか。検索すると#パパ活 #Ｐ活 #ＰＪ #Ｐ活初心者 #Ｐ活都内 #ＰＪさんと繋がりたい #Ｐと繋がりたい……と、どんどんでてくる。ちなみにＰとはパパ、ＰＪとはパパ活女子という意味で、ツイッター上ではＰ、ＰＪが標準的に使われていた。

ツイッターでは未成年が露骨に買春男性を探している。パパ活をしようと積極的に活用すると、未成年と繋がってしまったり、援デリ業者に引っかかったり、犯罪に巻き込まれかねない。誰でも匿名で利用ができるツイッターなどのＳＮＳは、パパ活のツールとしては不向きだろう。

ツイッターは出会いを求めるパパ活ではなく、おもに男性やパパ活女子の情報交換の場として機能している。「＃Pと繋がりたい」「＃PJと繋がりたい」と同じ活動をする同性の仲間と繋がり、パパ同士、パパ活女子同士が相互フォローし、オンライン上で活発に情報交換がされている。それぞれ匿名でパパ活の日常や思い、痛い経験、相手に対する愚痴などを綴り、フォロワーから情報やアドバイス、共感をもらっていた。

友人知人からの紹介

パパ活はこっそりとする個人的な活動だ。しかし、女性のコミュニティになると、日々女性同士で情報交換が行われていたりする。女性のコミュニティは無数にあるが、具体的に挙げると、20代だったら大学やバイト仲間、30代だったらママ友（小中学校、サッカー&野球チームなど）、PTA（小中学校）などか。

そのようなコミュニティでパパ活女子であることをカミングアウトする女性は一定数いて、女性たちは興味津々なので盛りあがる。情報交換しているうち、誰かが誰かにパパを紹介するみたいなことになるだろう。友人知人からの紹介だと、共通の話題がある、相手の身元がわかる、危険が少ない、などがメリットか。

スカウトマン

スカウトマンは路上、ＳＮＳなどで女性に声をかけ、キャバクラや性風俗を紹介する職業だ。最近、スカウトマンの営業項目にパパ活が含まれている。水商売や性風俗を検討する女性の選択肢の一つにパパ活があり、スカウトマンを使って女性を集める交際クラブが存在しているのだ。

すでに女性が供給過多ななかで、交際クラブがスカウトマン経由で求人する目的は女性会員の質のアップか。一般男性、一般女性が活動して、素人女性にニーズがあるのに、ビジネス的な意識が強いスカウトマン経由の女性に価値があるかは微妙だ。しかし、外見が優れている女性が多いほど、クラブの評価は上昇して男性会員が集まるということだろう。

ルート別のパパ活女子の傾向を見ていこう。60ページの図版を参照してほしい。価格が高い↕安い、プロ↕素人の２軸４象限で見ると、素人寄りで価格が高いＡゾーンに〝交際クラブ〟〝パパ活サイト〟、プロ寄りで価格が高いＢゾーンに〝キャバクラ、クラブ、スナ

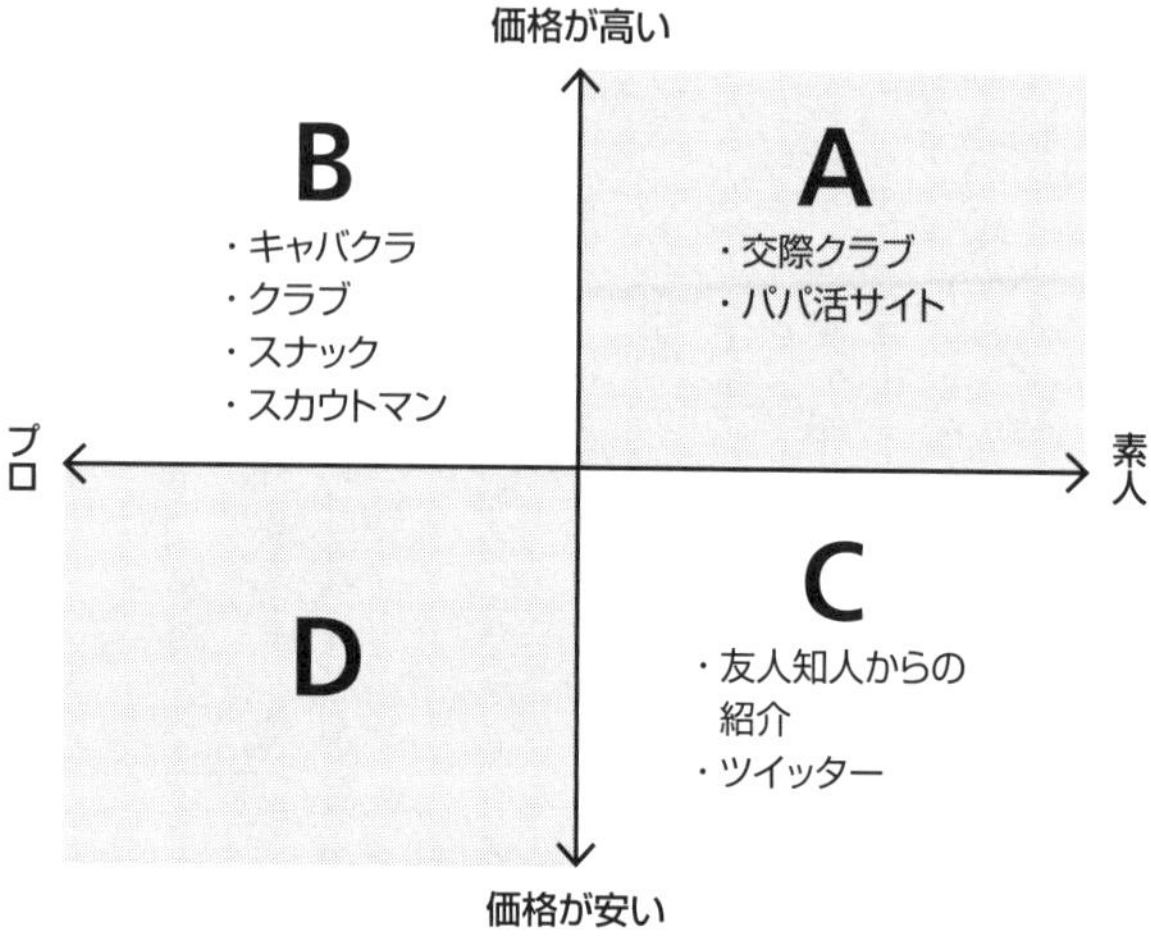

ック〟〝スカウトマン〟、素人寄りで価格が安いCゾーンが〝友人知人からの紹介〟〝ツイッター〟となり、プロ寄りで価格が安いDゾーンはなしとなった。

そもそもパパ活に参戦する男性たちの収入は高く、長期的な関係を目指した恋愛、疑似恋愛にニーズがある。男性はプロのサービスではなく、素人女性を相手にした胸が高鳴る恋愛をしたい。プロか素人かでいえば、パパ活サイトは素人寄り、交際クラブは中立、水商売やスカウトマン経由はプロ寄りになるだろう。

長年、金銭が介在する男女関係は交際クラブや水商売を通じて行われていたが、そこにツールとして使えるパパ活サイトが登場した。

そして、格差社会やコロナが追い風となって圧倒的な数の素人女性を掘り起こした。そうして、パパ活が流行している現状がある。

第二章　パパ活の模範として機能する「交際クラブ」

「パパ活」という言葉をつくった交際クラブの目的

中村淳彦様

突然のご連絡失礼致します。

ユニバース倶楽部の間宮と申します。

この度ツイッターや記事を拝読し、ご連絡させていただきました。

本書の執筆中、ユニバース倶楽部のマーケッターをしている間宮縁さんから、突然の連絡があった。あまりにタイミングがいいので驚いた。筆者のツイッターのつぶやきを見てパパ活に興味があると思ったようで、すぐ電話をかけると、「なんでもご協力しますよ。いかがですか？」という。筆者は、その場で渋谷支店に行くことにした。

ユニバース倶楽部は交際クラブの最大手、市場拡大を目的に「パパ活」という言葉をつくった事業者だ。送ってもらった住所に向かうと、渋谷区宇田川町の一等地にオシャレなオフィスをかまえていた。現れた間宮さんは30代前半、キャリアウーマン風の品性ある女性で、ガラス張りのオフィスでは数名の女性スタッフがデスクワークをしていた。応接室は二部屋あり、普段は新規女性会員の面接でフル稼働している。

利便性の高い一等地にオシャレなオフィスをつくり、若い女性たちが働くのは、新規の女性会員対策だろうか。交際クラブやパパ活は一般女性にいいイメージはない。女性たちは不安と後ろめたい気持ちを抱えながら応募する。緊張して面接にやってくる女性に安心感を与え、信用してもらうためにオシャレで明るいオフィスをつくるのだろう。

「ユニバース倶楽部は今年で創業10年目。いまは女性会員は常時８０００名程度が在籍していて、男性会員はその半分くらい。全国に支店があって新規の女性会員は月６００人くらいきます。男性会員も増え続けています。女性会員、男性会員を集めるために、それぞれ広告を打つんですね。広告は手探りです。リスティング広告もだしますし、オウンドメディアとか、取材記事を依頼したりとか」

交際クラブも、やはり女性が圧倒的に多かった。女性にとって競争が激しい市場であり、パパは簡単に見つからないということだ。実際に男性からオファーのない女性会員も相当数いて、買い手市場である交際クラブでのパパ活は女性にとって簡単ではない状況だった。

パパ活市場は女性同士の競争が激しい

女性の供給過剰が起こっているのはパパ活だけではない。２０００年代半ばから水商売、風俗、アダルトビデオへの一般女性の参加が本格的にはじまり、ほぼすべての女性性を売る産業で同じ様相を呈している。女性の供給過剰は価格の低下、労働の増加、買い手の男性の増長に繋がる。女性にとって、いいことはなにもない。

間宮さんは、６年前に愛人マッチングサービスの事業内容に興味をもち、人材派遣会社からパパ活業界に転職。具体的には会員集客のための広告を出稿したり、メディアに記事を掲載したりしている。ユニバース倶楽部の宣伝広報活動だけでなく、パパ活を世間に広める意識をもって仕事をしていた。見ず知らずの筆者に連絡したのは、マーケッターの仕事の一環で、パパ活という現象をもっと広く発信したい狙いがあった。

「女性会員は20代がもっとも多いです。大学生とかＯＬとか、本当に一般的な女性が集まってます。私はマーケッターなのでツイッターで〝パパ活〟を日々検索していますが、本当にたくさんでてきます。愛人とか紹介とか不倫とかではなく、パパ活と呼ぶことでカジュアルになったことが大きいと思います。友だちから聞いたとか、まわりでやっている人がいるとか、そういうキッカケで会員になりたいってきてくださる女性が多い。パパ活の口コミですね」

ユニバース倶楽部のマーケティング担当者が会議を繰り返しながら、パパ活という言葉を生みだした。それまでマーケッターは「交際クラブ」「デートクラブ」「愛人」「紹介」という言葉を使用した、アンダーグラウンドなイメージの広告や記事しかつくれないことに力不足を感じていた。２０１６年以降、それらの言葉を「パパ活」に置き換えている。

「まず、女性向けの求人広告でパパ活という言葉を使いました。それまでは一般女性は興味をもたないような怪しい広告しかつくれなかった。でも、パパ活という言葉に変えるだけですごく印象が変わって、若い女性に伝わるようになりました。パパ活という言葉が広がったことがキッカケで、店舗拡大、女性会員は右肩上がりで増えたのです。北海道から沖縄までの女性が会員登録するようになって規模が大きくなりました」

女性がオンラインで入会申し込みをすると、まず16あるどこかの支店で面接が組まれる。なにも知らない女性にパパ活やユニバース倶楽部の説明からはじめて、どのようなパパ活をしたいか、なにが目的か、要望や不安があるかなど、個人的な希望や事情も質問する。説明を受けた女性がパパ活を決断すると、その場で男性会員にアピールするための自己紹介動画の撮影になる。

応募女性の採用率が気になったが、そこまで厳しくはないという。ちなみに単価や報酬のいい夜職の高級店は、働きたいと希望しても基準に達していなかったら容赦なく断られる。ユニバース倶楽部では、そのようなことはないようだ。

「基本的に全員審査させていただいて、あまりにも紹介が難しい、厳しいって場合はお断りすることもあります。見た目もそうですし、会話が成り立たないとか、態度が悪いとか、やる気がないとか。断るときは、だいたいそんな理由です。あと、お食事だけでたくさん稼ごうって女性が一定数いるのですが、そういう女性にはニーズがない現実を伝えます」

ユニバース倶楽部では、女性会員を「スタンダード」「ゴールド」「プラチナ」「ブラック」の4分類にクラス分けする。女性は面接のときに外見を軸に総合的に判断され、一番オファーがくるだろうクラスに配属される。女性のクラスを決めるのは面談した担当スタッフである。

一方、男性会員は入会時にどこのクラスにするかを自分で選択する。スタンダードの男性会員はゴールドやプラチナ、ブラックの女性を選べない。逆にブラックならばすべてのクラスの女性の選択が可能というシステムになっている。

男性会員がクラブに支払う費用はなかなか高額だ。スタンダードは入会金3万円＋セッティング料2万円、ゴールドは入会金5万円＋セッティング料3万円、プラチナは入会金10万円＋セッティング料5万円、ブラックは入会金30万円＋セッティング料10万円という料金体系になっている。標準のスタンダードと最高のブラックでは入会金で10倍、セッティング料で5倍の価格差がある。これにプラスして、デート代や女性に支払うお手当が、男性がパパ活に費やす総費用となる。

「女性会員のクラス分けで見るのは、まずルックスですね。アナウンサーとか女優さんみたいな女性がきたらブラックになります。一般の方でもキャビンアテンダントとか芸能事務所所属とか、あと稀にいらっしゃるのですがメディアにでている方とか、特殊な職業でしたら希少価値があるので評価対象になります。女性会員の割合はスタンダードとゴールドで6割、プラチナ3割、ブラック1割くらい。パパ活をしたい女性のルックスは年々上昇しているので、人数的にはゴールドが一番多い。スタンダードは普通の女性で、プラチナは美人、ブラックは特別な女性です。ただ男性の好みはそれぞれ、一概にブラックの女性がいいとはいえません。男性のニーズで共通しているのは、清楚系の女性が好まれることです」

女性に評価は伝えないが、女性が上のクラスに行きたがった場合、パパ活は圧倒的な買い手市場である現実を伝え、クラスが上がるほど依頼がなくなるリスクを説明する。パパ活は当事者同士が関係を築いていくので、クラブ内での格付けを上げても自分自身の収入に反映されるわけではない。最終的にはほとんどの女性は納得して、配属されたクラスに落ちつく。

交際クラブを通じたパパ活のスタイル

では、交際クラブとオンラインのパパ活は、なにが違うのか。

パパ活において出会いのツール選びは非常に重要だ。まず、交際クラブは女性会員を男性会員に紹介し、男性会員から入会金とセッティング料を徴収するビジネスだ。男性を対象にしたサービス業である。安価に活動できるオンラインサイトがあるなかで、クラブの優位性を提供しなければ男性会員は離れてしまう。

クラブにとって大きなリスクは男性会員が集まらない、定着しないことだ。水商売や風俗店も同じだが、クオリティが高い女性が集まっていれば、自然に男性は集まってくる。よって、クラブは女性会員の集客に尽力する。サービス提供のなかで、クラブがもっとも避けたいのは出会いのミスマッチだろう。男性会員も、女性会員も離れてしまう可能性がある。特に男性会員は高額なセッティング料を支払って女性会員を紹介されている。何度か納得ができないミスマッチが続いたら、クラブ退会やパパ活そのものをやめてしまうかもしれない。

顔合わせやデートをして、会話を重ねた末に交際を断られるのは仕方ないにしても、女性と会話すらできない結果になると、早々と心が折れてしまう。ユニバース倶楽部ではミスマッチを少しでも避けるため、女性会員に対して希望する交際スタイルの選択を義務づけていた。具体的に見ていこう。

交際タイプA【お食事デート】

基本的にお茶やお食事のデートを希望します。肉体関係を含む交際は希望しません。

交際タイプB【2回目以降】

2回目以降のデートでお互いのフィーリングが合えば、交際に発展する可能性がありま す。

交際タイプC【フィーリング次第】

初日からお互いのフィーリングが合えば、交際に発展する可能性があります。

交際タイプD【積極的】

初日からスマートにお誘いいただければ、交際に発展する可能性があります。

交際タイプE【交通費不要】

出会いのチャンスを優先したいので、お食事デートでの交通費はいただきません。

女性の希望する交際スタイル（本心）を知ることは、パパ活する男性にとってもっとも重要なことだ。女性本人が書いたプロフィールしか情報のないオンラインのパパ活では、女性がなにを求めてパパ活をしているかはわからない。書いてあっても嘘か本当か、本音か建前かを判断するには高い読解のリテラシーが必要になってくる。

たとえば、食事しかしたくない女性に性的関係を求めても受け入れられる可能性はほとんどなく、お互いが消耗するだけになる。事前に女性の本心をある程度知ることができるのは、パパ活にとって極めて合理的であり、最重要な情報となる。

あらかじめ用意された交際スタイルを見ていこう。Aはお茶や食事のみのデートで会話をするだけで、「肉体関係を含む交際は希望しません」と断言している。交際を希望しないので、恋愛をしたい男性にはミスマッチとなる。女性との会話だけに価値を認める男性は少数であり、ほとんどの男性のニーズには合っていない。

条件つきで肉体関係の可能性を認めているB、C、Dの文面は似ている。しかし、実際はかなり違ってくる。

Bは、「2回目以降のデートでお互いのフィーリングが合えば、交際に発展する可能性があります」といっている。最初のデートはお茶か食事でお互いを知り、文面通りにじっくり時間をかけて関係を深めたい女性もいれば、男性のニーズに合わせて表面的には肉体関係OKと匂わせているが、本音は交際したくないという女性もいるだろう。

Cの「初日からお互いのフィーリングが合えば、交際に発展する可能性があります」は、男性のニーズになるべく合わせたい、という姿勢が見える。男性が求めるのは肉体関係を含む交際であることを事前に理解しているので、男性にとっては口説きやすい。男性にはデートの会話は得意でも、肉体関係までを口説くことができない、苦手という人は多く、幅広いニーズを取り込めるスタイルといえる。

Dは、「初日からスマートにお誘いいただければ、交際に発展する可能性があります」と、BとCにあった「お互いのフィーリングが合えば」の文言がなくなっている。フィーリングが合わなくても肉体関係まで発展する可能性があることで、性風俗的な割り切った関係を求めていると読みとれる。手っ取り早い肉体関係が目的の女性もいるかもしれないが、大部分は交際は最小限にして合理的に稼ぎたいための選択だろう。

Ｅの「出会いのチャンスを優先したいので、お食事デートでの交通費はいただきません」というのは、婚活や恋活が目的というスタイルだが、Ｅを選択する女性会員はほとんどいないようだ。パパ活男性には社会的地位が高く、高収入な男性が多く、条件を重視する女性には好ましい男性がたくさんいると思われる。しかし、女性たちにそのようなニーズはないようだ。あくまでも女性の目的は「目先のお金」であった。

「男性は恋愛したくてパパ活しています。恋愛とセックスですね。逆に女性で恋愛をしたいＥの人は本当に少なくて、ほとんどの女性はお金が欲しくてやっています。クラブにくる男性は風俗やキャバクラでは味わえないことを求めているので、セックスだけではダメだし、綺麗で若い女性と食事するだけでもダメなのです。特定の女性とお付き合いして、その延長にある恋愛やセックスを求めています。心もカラダも満たしたいというニーズです。だから男性側からＡの女性へのニーズは、ほとんどありません」

間宮さんは、そう会員の交際スタイルを解説する。お茶や食事だけのデートで稼ぎたいのは女性側の本音、でも男性は先がない関係は求めていない。本心ではＡスタイルで活動したい女性も、Ｂを選択せざるをえないシステムになっている。

交際クラブもオンライン上のパパ活も、男性のニーズは同じであり、Ａの女性は求められていない。男性にとっては「肉体関係を含む交際は希望しません」と断言するＡの女性は地雷であり、なんとか避けたいと思っている。交際クラブは男性を対象にしたサービス業なので、女性を男性のニーズに寄せていくスタンスでシステムがつくられている。

ただ食事だけのデートで満足する男性も少数ながら存在するのと、おそらく法律的な問題もあってＡの完全な排除はできないのだろう。女性にスタンスを表明してもらってＡとの出会いをある程度は回避できるのが、男性が交際クラブを利用するもっとも大きなメリットかもしれない。

まったくニーズが違うＡとかかわらないことが活動のスタート地点であり、Ｃを選択するのが多くの男性にとって無難ということになる。Ｃは初日から肉体関係を含む交際を求められる可能性があり、Ａの女性は選択しづらい。ＢだとＡスタイルが混じっていることもあるので、男性にとっては地雷を踏む可能性がある。

「男女の出会いなので、全然違ったというクレームは一定数あります。けど、あらかじめ交際スタイルを開示しているので多くはないです。この人イヤって思ったとき、タイプを偽造する女性がいて、それは指導します。たとえば私はCタイプ、初日からフィーリング次第といっていたのに、私はお茶しか考えてませんって断るとか。女性の断り方の問題なのですが、嘘はクレームになるのでクラブとしては避けたい。女性は好みじゃなかったので断りましたっていうけど、嘘だけはやめてねっていいます。あなたとはお付き合いできないって、しっかりお断りしてねって」

交際クラブは女性が男性に選ばれるシステム

最後に、出会いまでの流れを追っていこう。

まず男性会員は公式サイト内の会員専用ページにある女性会員のプロフィールを眺めて、会いたい女性を選ぶ。パパ活アプリのように、女性会員が男性会員を選ぶことはない。女性会員のプロフィールを見るのは男性会員だけ、スタッフがかかわりながらプロフィールをつくるので女性会員の情報は充実している。文字情報だけでなく、顔やスタイルがはっきりとわかる写真に動画、希望する交際スタイル、面談したスタッフが客観的に感じた女性の印象などが書かれている。

男性会員は会いたい女性会員を決めたらデートを申し込む。相手がオファーを受ければ、クラブは初回デートの日程を調整する。難点は、写真を掲載したくない男性会員がほとんどで、女性が男性の姿を見るのはデートの待ち合わせが最初となることだ。男性はすでに情報があって、好意があって申し込んでいる状態だが、女性は実際に会うまで相手の顔や姿を見ることができない。

「交際クラブは、女性が男性に選ばれるシステムです。男性が写真を掲載したくないのは社会的地位がある方が多いからです。だから実際に会ってから女性が断ることはよくあります。ミスマッチを防ぐためにオファーした女性だけに写真を見せる機能をつけましたが、まだまだ浸透はしてないです。だから初回デートは女性にイヤっていわれないために、男性の腕の見せ所ではありますね」

男性会員は40代、50代の経営者や会社役員、医師、資産家、事業が順調な自営業者がメインだ。社会的地位の高い男性たちである。男性たちが交際クラブを利用する理由は、仕事関係の出会いだとリスクがあるので、安全に女性と出会いたいからだという。既婚者の割合は7割程度、多くは家庭がありながら恋人もいる環境を求めている。

帰り際、標準的な男性会員、女性会員の取材をしたいとお願いした。間宮さんは二つ返事で「すぐに聞いてみますのでお時間をくださいね」と引き受けてくれた。

渋谷支店は宇田川町の真ん中にある。コロナ禍でテナントがどんどん減るセンター街を横目に駅に向かって歩く。駅に到着する頃、間宮さんから電話がかかってきた。翌日の午前中に男性会員、19時に女性会員とアポイントがとれたという。仕事が速い。

夫婦関係が破綻して「パパ」になった56歳男性

ユニバース倶楽部では男性入会希望者にも、スタッフによる入会面談を義務化している。男性入会希望者は支店ではなく、シティホテルのティーラウンジで面談を行っていた。プラチナ会員である本橋宏さん（仮名、56歳）と池袋のホテルメトロポリタンで待ち合わせた。本橋さんはデニムにジャケット姿、カジュアルファッションをスマートに着こなす、上品でダンディな紳士だった。

会社経営者で創業10年目、業績は順調に伸び、コロナ禍でも売り上げは上向きらしい。4年前にユニバース倶楽部の会員となり、パパ活をはじめている。

「妻子はいます。妻は2歳年下、子どもは社会人です。でもね、僕は卒婚しているんですよ。結婚は卒業しました。妻とは籍だけはそのままで別々に暮らしています。生活を完全にわけてから、もう5年くらい経ちますね」

夫婦関係は完全に破綻しているようだ。本橋さんから妻に何度も離婚を切りだしたが、妻は絶対に頷くことはなかった。5年前に別居し、現在に至っている。妻に対して愛情や情はまったくないようで、本当にウンザリという表情で語っている。

「起業する前はサラリーマンで、会社が倒産しました。突然、翌月から無収入になって、どうすればいいかわからなかった。再就職は厳しいし、それでもう起業するかと。いままで会社でやってきたスキルを使って自分ではじめた。ただ、妻はずっと専業主婦で、独立とか起業ってことを受け入れられない。給料が少なくてもサラリーマンを続けてほしいって。起業がきっかけでギクシャクしだして、そこから夫婦関係はおかしくなりました。お金はいままで通り渡すから、もう好きにさせてくれと」

妻は短大卒、新卒で本橋さんと同じ会社に入社している。社内で知り合って恋愛した2人は適齢期になんとなく結婚した。妻は寿退社し、子どもが生まれ、それからずっと専業主婦。妻は頭が固く、保守的で、何十年も家に籠もっているので社会状況はなにも知らないらしい。夫が起業してから、夫婦の会話は一切なくなった。

「まだ、子どもが中学生だった。不安だったんじゃないですか。だからといって自分は専業主婦のままで働く気はない。いまの50代は、お茶くみの仕事があった時代。どこにも通用しない化石みたいな人の最後の世代ですよ。僕はサラリーマン時代、年収1200万円ありました。サラリーマン時代は浮気みたいなことはしてなくて、あまり遊んでなかったかな。それに起業してから6年間くらいは真剣に働きました。余裕がでてきたのは、この5年くらいです」

本橋さんの前年度の年収は、なんと３０００万円だった。交際クラブの会員男性の収入が高いことはわかっていたが、あらためて驚く。

「年収２０００万円以上はないとパパ活なんてできないですよ。日本は税金が半分以上っていうシステムですから。収入は会社の給料と、他の会社で外部役員をやっているのでそこからも。あと顧問がある。細かいバイトもやっているので、全部合わせると年収３０００万円くらいになります。妻に毎月お金は渡しています」

別居している妻への援助は家賃と生活費合わせて、月38万円。給料で手取り38万円だと考えると、年収換算では５５０万円程度になる。専業主婦である妻がいま離婚し、社会にでれば、おそらく最低賃金のパートしか仕事がないだろう。常勤で働いても年収は２００万円前後。離婚するわけにはいかないのだ。

いまの50代が新卒だった頃まで、企業は男性社員の結婚相手の候補として短大卒の女性社員を採用していた。女性が結婚を機に仕事を辞める寿退社もあたりまえだったが、平成の30年間で社会は大きく変わってしまった。30年間専業主婦だった女性が社会にでても、自分ひとりの生活を支えることなどできない。

起業してビジネスの最先端で生きる本橋さんは、ガラパゴスとなった妻に嫌悪感を抱いている。常識や感覚が違うので会話もできない。妻にはその自覚もない。夫婦関係は破綻した。破綻しても生きていくために、法律で守られているいまの立場を終わらせるわけにいかない。妻が離婚の要望に頷かないのは合理的な選択である。

妻が嫌になり、離婚ができないことを知ってから結婚制度に疑問を覚え、同年代の女性がつくづく嫌になったという。

「とにかく、別れてくれない。奥さんが別れてくれないのは、僕らの世代の共通の悩み。確かに、相手の立場に立ったら別れるわけがない。年収５５０万円の生活がなにもしないで手に入る。同年代の男性たちは、みんな同じことをいっていますよ。不満だらけですね。僕も妻に離婚したいと何回も、何回も、何回も、話しましたけど、絶対にダメですね。離婚できなかったです」

慰謝料の相場は３００万円くらいか。本橋さんは慰謝料を妻に支払って関係を終わらせたい。しかし、その金額では妻は半年～10か月程度でお金が尽きてしまう。

パパとしてのデート費用は一回14万円

「妻があんたは好きにしていい、っていうからパパ活なんです」

創業から6年が経って、事業は軌道に乗った。お金と時間はある。ひとり暮らしの部屋でゆっくり考えて、やってみたいと思ったのは女遊びだった。既婚なので婚活はできないし、そもそもなんのメリットもない結婚にはもはや興味はない。恋活といっても、同年代の考えの古い女性には心からウンザリしている。キャバクラやクラブのような派手な水商売の女性は苦手で、風俗に通うほど性欲が旺盛なわけでもない。若い女性を紹介してくれる交際クラブがベストだった。いろいろ調べて、ユニバース倶楽部の男性会員になった。

「パパ活はめちゃめちゃお金がかかります。単純なことだけど、女の子と会うじゃないですか。新しい女の子に会うたびに交際クラブに5万円を払う。5万円を払って初回のデートするじゃないですか。それからご飯に2万円がかかるとしましょう。さらにホテルに2

万円、女の子への小遣い5万円。一度のデートで14万円ですよ。14万円かかることを、何回続けるかって話なんですよ。一般庶民ができるわけがない。それはパパ活をやってよくわかりました」

本橋さんがするデートは、決して特別ではない。一人1万円程度のコースディナーの食事をして、食事だけで終わる日もあれば、その後に大人の関係になることもある。場所はラブホテルではなく、シティホテルを予約する。初めて出会う女性と大人の関係になる場合、それだけで平均して14万円程度の費用がかかってくる。

スマホをだしてＬＩＮＥを見せてくれた。トークにズラリと若くて華やかな女性が並ぶ。全員ユニバース倶楽部で知り合った女性だという。20人以上はいるだろうか。

「もう何年もパパ活しているけど、いまだに自分がどうしてパパ活をしているのかわからない。はっきりいえる目的はないです。ただ、結婚だけはありえないかな。自分はなにがしたいんだろうって、いつも思っていますよ。エッチすることが絶対条件じゃないので、デートして飯食って終わりの子もいれば、泊まりの旅行に行く子もいる。たぶん、僕は続いている子が多いほうだと思う。ガツガツしないからじゃないですか」

いまも月2〜3人平均で新しい女性と会い続けている。一度で終わることもあれば、継続することもある。この2年間、常時20人くらいのパパ活女子たちと同時進行している。相手はできるだけ合理的に稼ぎたい女性から、月に数万円あればいい、お金も欲しいけど楽しみたいなどなど、女性たちのスタンスはそれぞれだそうだ。

男性がパパ活に求める刹那的な疑似恋愛

次々と女性を増やしているのは、何人と仲良くなっても、肉体を交わしても、満たされないということか。パパ活には結婚だとか、お互いパートナーをひとりに決める恋人同士みたいなゴールがない。相手の女性にお金を払って疑似恋愛するので、なんの責任も拘束もない。一緒にいるその時間は楽しい、でも目の前にいる相手との明日のことはわからないのだ。配偶者や恋人と比べると繋がりは薄く、刹那的な関係である。

「PJ（パパ活女子）に80人くらいは会ったけど、恋人同士みたいになったのはひとりだけ。

その子は24歳で社長秘書をしていた。4年前にユニバースで知り合って2年間くらい付き合った。話しててもおもしろいし、なにをしても相性が合った。旅行に行っても楽しかったし、月2回のペースで会い続けました。その子には彼氏がいて、彼氏と結婚が決まっていたんですよ。彼氏にバレないようにうまくやろうなって話はしていて、パパ活は興味本位だったのかな。生活のためみたいな感じではなかった。お金にガツガツしている感じはなかった」

最初のデートが楽しくて、また会いたいと思った。自然と月2回のペースで会うようになった。食事のときに1万円、大人の関係があったときは4万円を都度相手に支払った。

「疑似恋愛を楽しみましょうみたいな感じ。結婚式の1か月前まで大人しました。その子と付き合って思ったけど、女はまあ、したたか。その子がいたときは、新規はあまり会わなかった。その子だけの時期も長かったし、途中で新規と会っても続かなかった。本人がパパ活は結婚までと決めていたので、それまで疑似恋愛をうまくやろうって思ってました。他の子とその子の違いは小さなことですよ。ご飯行った帰りにはＬＩＮＥを送ってくるとか、挨拶ができるとか、食事のマナーがいいとか。やっぱりお金のためってことを見せない能力は高かったかな」

本橋さんがパパ活で女性に求めていることは、男性の標準だろう。積極的にパパ活する男性たちのニーズは、本橋さんが求めていることと一致していると思われる。ニーズは3つある。

パパ活男性のニーズ①　20代前半〜30代前半の年齢
パパ活男性のニーズ②　清楚な女性、素人女性（本業がある。露骨なお金目当てでない）
パパ活男性のニーズ③　セックスだけではなく、心が躍るような恋愛や疑似恋愛をしたい

男性の好みはそれぞれだが、おおよそ①〜③に集約される。婚活で若い女性が価値が高いのは妊娠する確率が高いからだが、結婚相手を求めているわけではないパパ活でも、男性たちはこぞって20代前半〜30代前半の女性を求めている。

①の若い女性を求めるのは、若いほうがルックスやセックスがいい、人生経験が少ないので自分が優位に立てる、他の男の色に染まっていない可能性が高い、みたいな理由だろうか。

②にあるように清楚な素人女性が重宝され、派手で遊んでいそうな女性、玄人女性は嫌われる傾向がある。パパ活や夜職の女性は、年齢が上がるほど、しがみついて離れることができない吹き溜まり的な女性が増えていくので、若いほうがいいという意見もある。

③にあるようにパパ活男性は心が躍るような恋愛をしたがっている。女性との食事に報酬を支払うのは、恋愛や疑似恋愛に至る人間関係をつくるための過程であり、先行投資をしている感覚だ。決して先のない相手との会話に価値を認めているわけではないのだ。

デートをして会話を重ね、恋愛や疑似恋愛をしたいので、割り切ってすぐに肉体関係になる売春的な行為も、③のニーズと少し違ってくる。女子から肉体を提供しているだけという態度が見えてしまうと、③に該当しないのですぐに飽きられ、新しい女性に移りがちだ。パパ活市場は女子の供給過剰状態なので、男性はお金を払えばいくらでも出会いはある。すぐに見切られてしまう。

「お金目当てな子は会った瞬間にわかる。盛りあげる子は盛りあげるでしょうけど、こちら側がいいな、好きだなって思わない。僕は運がいいんですよ。変な女を引いている数はそんな多くないと思う。プロフィールを見て、知らず知らずのうちにそういう子を外しているのかもしれない。まずプロフィール写真の顔で、ある程度想像つきますよね。こいつ遊んでいるよ、派手だな、みたいなのは避けます。清楚系ですね。あと一目で整形ってわかるとか、パパ活アプリにいるとか、そういう女の子も避けます。あと時給換算する人は、すぐに切ります」

本橋さんが女性会員のプロフィールを見て、オファーをだすのは、①&②に該当する女性である。男性会員にもっとも人気があるゾーンであり、競争率は高い。まず年齢で検索して、いいと思った女性のプロフィールと写真を見る。よかったらお気にいりをつけて、交際スタイル、担当者からのメッセージなど、細かい情報をチェックする。最終的にそれでも会いたい気持ちがあったら依頼をだす。

そして、最初のデートで食事をする。そこで③に該当する女性かどうかを見る。該当しなければ一度の食事だけで終わらせる。セックスだけが目的ではないので、③に該当しない女性を肉体関係に誘うなど、性風俗的なことはあまりしないようだ。

「商売っぽく見えると男性に好かれないのは、交際クラブの女の子はほぼほぼ理解しています。僕がオファーするのは清楚系なので人気がある子が多い。10人単位でオファーが入っている。男性人気があると、茶飯だけでもいくらかお金になる。登録したばかりのときに依頼が殺到するから、その子たちはまず茶飯だけを1か月くらい続ける。そうすると、オファーがどんどん減ります。その時期を狙うんですよ。身の程を知った後で、ちゃんと対応する可能性があるから。僕は登録したばかりの新規の子にはいかないです。パパ活女子はどんどん新しい子がくる。女の子はすぐ古くなる。だから、依頼をだす時期はけっこう考えますね」

本橋さんは56歳。オファーをだす女性会員は20代前半〜30代前半なので、20〜30歳という年齢差がある。ひとまわり下の40代の女性会員もいるが目もくれない。「一切、興味ないです。40代はクリックした経験すらないかも」といっている。

「40代だったら交際クラブに頼らなくても見つけられる。でも、女とちゃんと付き合うのは、もう嫌なんですよ。結婚で懲り懲りしました。恋愛関係までいくと、こっちも面倒くさい。パパ活での疑似恋愛くらいがちょうどいい。たとえば28歳の子だと、年齢差は28歳じゃないですか。そんな差があって恋愛が成り立つとは思えない」

本橋さんは年齢差のあるパパ活女子と対等な恋愛ができるとは思っていなかった。だから、その場だけを楽しむ疑似恋愛なのだ。

「女の子の本心はお金目当てであっても、それを感じさせないので、その場で好きっていってくれたらいいだけ。だから仲良くなった子には、他のパパと会ったとしてもいわないでくれって頼んでます。他のパパの話は禁止、自分といる時間だけは楽しませてって」

恋愛と疑似恋愛の違いは、相手をひとりに絞らない、その場を楽しむだけでお互いに束縛されないということだ。現在進行形で20人近くのパパ活女子と繋がっている。そのなかでもっとも気にいっているのは、23歳の社会人1年目の女の子だ。彼女は東京の一流私大を卒業したばかり。大手企業に総合職として入社している。キャリアウーマン候補だ。

「頭もいいし、旅行にも行ってくれるし、楽しい。同じ年齢の彼氏がいて同棲しているんですよ。その子は彼氏と一緒に住んでいるのにパパ活している。パパ活で思うのは、女の子は年上と付き合ってお金をもらいながら人生経験を深めている。みんな精神年齢が高い。僕が疑似恋愛を求めていることもわかっている。食事もプレゼントも抵抗なく買えるものをいってくるし、お金にもうるさくない」

お気にいりの23歳は、セックスも積極的らしい。本当にうれしそうに語る。妻の話のときとは大違いである。

オファーをだしたときの交際スタイルはB（2回目以降のデートでお互いのフィーリングが合えば、交際に発展する可能性があります）だった。実際に会うと、清楚で育ちがよく、学歴が高く、コミュニケーション能力も高かった。さらに大手企業勤務でお金に困っていない。そしてセックスすれば、積極的だった。求めていることをすべて満たしてくれた。

「若い子たちは、パパ活する理由を奨学金の返済っていうけど、僕は違うと思いますね。やっぱり遊びたいのでしょう。そう思います。その子には食事で1万、泊まり5万を払っていて、たまにLINEで『これが欲しい』って連絡がくる。3万円くらいのブレスレットとか。僕の持論なんですけどタイプCの子（初日からお互いのフィーリングが合えば、肉体関係を含む交際に発展する可能性あり）は、大人の関係になっても、そんなエロくない」

本橋さんがいうのは肉体関係を想定していない女性と、肉体関係を覚悟している女性でセックスが違うということだ。パパ活では、相手と肉体関係をしたくない女性を、自分自身の魅力や言葉で口説き落とすことを「茶飯崩し」と呼ぶ。茶飯崩しを成功させると男性の自信になる。場数を踏んでいるパパ活男性がチャレンジする行為である。

「Bの子でそういう関係になると、すごくエロい。CはおっさんとエッチするのはだいたいOK、Bは人を選びたい、またはできればやりたくない。けど、その覚悟がないわけじゃない。その子はBで、A寄りのBだったんですよ。何回か食事だけで会っているうちにいいよってことになって、肉体関係になったら本当にエロかった」

本橋さんが選ぶ女性はＢかＣだ。ＡとＤには手をださない。Ａは最初から交際を拒絶しているので会う意味がない、Ｄは風俗と変わらないので疑似恋愛対象にはならないことが理由だ。Ｂ（２回目以降のデートでお互いのフィーリングが合えば、肉体関係を含む交際に発展する可能性あり）について語る。

「Ｂは２種類いる。まずは大人は絶対に嫌なのにＡだとオファーがこない、だからＢにしているって子。それと覚悟がないわけじゃないけど、人は選びたいって子。人を選ぶってことは、好きな人としたいってこと。僕はＢの子に３回くらいデートしたところで、そろそろエッチする？　って冗談でいうんです。そうすると、その場ではほとんど『いいよ』って返ってきます。いいよというけど、そのうちの半分はその日からＬＩＮＥがこなくなったり、ブロックされます。Ｂでパパ活している立場上、頷く。けど、本当は嫌なんですよ。エッチはしたくない。その場で断ったらカドが立つ、だからブロック。残りの半分は次回で大人の関係になります。Ｂを口説くのは心が盛りあがりますね。楽しいですよ」

疑似恋愛なので、自分が好きだと思った相手が、その場では自分を好きでいてくれる、または好きな演技をしてくれないと成り立たない。女性が自分のことをどう思っているかは、食事のときの会話だけではわからないという。

「最初のキスまでわからない。キスすれば、この子は俺のことあまり好きじゃないなってわかる。職業としてやっているんだろうなとか。好きってことがわかると仲が深まる。だから絶対に行けるDの子はオファーしない。その23歳の子はいまのところ、20人くらいのなかで一番かな。でも女の子はなにがあるか、どうなるかわからない。いまのところって話ですね」

4年間で2000万円くらいをパパ活に使っている。精力的に活動を続けていれば、理想通りの女性と出会って関係が深まることもある。最後に、理想の相手が見つかった先、2人の関係性はどうなるのかを聞いた。

「いま以上の関係にはなりようがない。僕自身も、相手も、その先をまったく望んでいないし。男は勘違いする奴はいっぱいいる。独占したいとか、ガチ恋愛とか」

恋愛はお互いがパートナーはひとりであることを約束する。パパ活の疑似恋愛はお金を払ってその場だけを楽しむので、お互いのことは拘束しない。お金を払う、その場だけという条件が重なることで、年齢を超えたその場だけの恋愛が成立する。

「僕も独占欲がないわけじゃない。でも、独占しない代わりに恋愛もしない。独占することは恋愛じゃないですか。でも相手はそれを望んでいないわけだし、そもそも年齢差があるので成り立つわけがない。大前提として成り立たないという自覚がある。だからパパ活で疑似恋愛しているのが気楽でいい。これからも、それ以上は求めないです」

恋愛が成り立たない年齢差を自覚しながら、お金を払うことでお互いが納得する。その上でのデートやセックスを楽しんでいた。新しい女性に会い続けるのは、常に心にブレーキをかけるためで、ひとりにのめり込んでしまうと恋愛になってしまう恐怖があるからだ。そもそも成り立たない年齢差がある男女関係なので、ガチ恋愛になった瞬間に終わってしまう。

交際クラブでパパ活をすれば、お金を払えばいくらでも出会いはある。複数の女性と交流しながら、好きな本命と疑似恋愛をしているのがちょうどいいようだ。

友だちに勧められて半年前からパパ活女子に

19時、ユニバース倶楽部の新宿支店に女性会員・高田真奈さん（仮名、33歳）がきてくれる。新宿支店は歌舞伎町の靖国通り沿いにあった。渋谷と同じく、店内はオシャレにつくり込んであり、若い女性スタッフたちが働いていた。普段、応接室はフル稼働状態で、いまも女性の入会希望者と面談中の部屋があった。

真奈さんは先に到着していた。笑顔が似合う明るい女性という印象で、仕事は中小企業の広報だという。あきらかな清楚系、野球部やサッカー部のマネジャーみたいな感じといえば伝わるだろうか。

「ひとり暮らしです。家賃は8万2000円、彼氏は別のところでひとり暮らしをしています。彼氏とは3年くらい付き合っていて、うまくいっているかは微妙かな。お給料は手取り26万円くらいあるので、お金にすごく困っているわけじゃないです」

関西出身、短大卒。上京したのは10年前。当時の彼氏の転勤についてきて、東京で働くことになった。東京での職歴は歯科助手のアルバイトを6年間、イベント会社の正社員として3年間働き、5か月前からいまの仕事に就いている。歯科助手時代は時給だったのでひとり暮らしをするには収入が低く、ずっと居酒屋とダブルワークをしていた。仕事をすることは嫌いではない。

真奈さんは学生時代にさかのぼっても、水商売や風俗で働いたことは一度もなかった。ユニバース倶楽部の女性会員になってパパ活をはじめたのは半年前だ。

「歯科助手の後にずっとイベントプランナーをやっていて、コロナで仕事がなくなっちゃったんですよ。去年の夏から休業率50パーセントくらいが続いて、2日に1日は休みだったんです。歯科助手時代の友だちがいて、ご飯を食べながら暇だって話をしたら『じゃあ、パパ活やれば？』って。いまは、みんなやっているって。それで友だちが会員になっているユニバース倶楽部の話を聞いて、私も登録しようってなったんです」

歯科助手時代の友だちは2歳年下の元同僚、歯科衛生士だ。一緒にランチに行ったとき、最近パパ活をしているとカミングアウトされた。

「その子は生活がすごく楽になったって。パパ活って聞いたことはあったけど、まったく知らない世界でした。その子にいろいろ聞いて、たぶん、真奈ならできるよって勧められた。おじさんとご飯を食べたり、たまにホテルにも行くけど大丈夫だよ、みたいな感じでした。話を聞いているうちに、確かにせっかく女に生まれているんだったら、武器にしないのはもったいないかなって思った」

パパ活は真奈さんがいうように、友だちから友だちへどんどん広がる。口コミによる拡散だ。隣にいる友だちが実際にやっているので身近に感じる上に、詳しいことを教えてもらえてお金になることも知る。タイミングが合えば、普通に一歩を踏みだしてしまう。

口コミは若い女性が多い職場で活発で、歯科衛生士、看護師、理学療法士など医療従事者は、パパ活市場にとにかく溢れんばかりにいる。

「それに、お金はあったほうがいいじゃないですか。友だちからパパ活のことを聞いたとき、そこまで難しいことじゃないって。イベントプランナーのお仕事では50代、60代の人たちとやりとりすることが多くて、おじさんに慣れていたし、ハードルが高いとは思わなかった。一緒にご飯を食べに行ったりもしていたし、できるかなって。おじさんとお食事して、お金がいただけるなら、それはすごくいいかなって」

すぐに友だちが登録しているユニバース倶楽部を調べた。自分にもできると思ったので会員になりたいと申し込んだ。新宿は通勤で毎日通る。会社帰りに、新宿支店で面談をした。もちろん、彼氏には秘密である。

新宿支店では女性スタッフから、ユニバース倶楽部のシステムを説明され、どうしてパパ活をしたいのか？　と聞かれた。そのまま「空いている時間を有意義に使いたい」と答えている。

「A、B、C、D、Eの交際スタイルの説明をされて、男性から依頼を受けるには、お食事だけのＡだと難しいっていわれました。どうしようか考えて、Ｃでいいかなって思いました。Ｃはお互いがよければその日からＯＫって設定です。本当はＢがよかったけど、それだとあまりオファーがこないかなって判断でした。自分が男性の立場だったら、どうだろうって考えてＣかなって。パパ活市場には若い女の子がたくさんいるわけじゃないですか。私は30代なので、若い子のほうが需要が高い。だから説明を聞いているうちに、Ｃにしないと無理じゃないかって思ったんです」

20代前半〜30代前半の年齢、容姿は清楚だ。水商売も風俗も経験していない素人女性であり、男性のニーズに理解があって肉体関係も覚悟している。パパ活男性が求める女性像のすべてに合致していて、実際に人気があるようだ。２日も経たないうちにすぐに50代の男性からオファーが届いた。クラブから送られてきたＬＩＮＥに、男性のプロフィールが添付されていた。

「面談から1週間後くらいに初めてデートしました。最初が一番嫌でした……」

初めてのパパ活は緊張した。待ち合わせ場所に恰幅のいい中年男性がいた。挨拶した後に食べ物の好みを聞かれ、好き嫌いはないと答えた。男性は高級中華料理店に連れて行ってくれた。

「食品会社の社長さんで、中華屋さんでご飯を食べました。新橋だったけど、クラブからはフィーリングが合えば、その先もどうぞって。その男性は正直会った瞬間に、ないなって思いました。おじさんすぎるんです。ご飯を食べながら私の写真やプロフィール動画の感想とか、そんな話をして、話をしながらも触れられたくない感じというか、やっぱりないかなって。パーソナルスペースってあるじゃないですか。中華だったので大きいテーブルで離れてたからご飯は全然よかったけど、その先はちょっとありえないなって、そんなことばかり思ってました」

なのに、男性に気にいられてしまった。コースが終わってデザートがでてきたとき、ホテルに誘われた。そうなる予想はしていて断ればいいと思っていても、実際の場面になると全然違う。目の前に相手がいて、期待されていると思うと、とっさに言葉はでなかった。

「嫌だったけど、嫌っていえなかった。断れなかったんです。お食事をご馳走になって、嫌ですっていえなくって。これは応じるしかないって。断ればいいっていっても、慣れないと難しいです。あらかじめクラブから断り文句みたいなのは教えてもらっていて、『初めてで勇気がでないので、また今度』とかそんな感じだけど、それをいえなかった。いったとしても、たぶん大丈夫だよって被せてくるじゃないですか。だから、わかりましたって」

中年男性は手を挙げて意気揚々とタクシーを拾った。男性は機嫌がよかったが、真奈さんの心は暗かった。そのまま銀座のシティホテルに移動し、部屋に入ってすぐにシャワーを浴びた。仕方ない、もうやるしかないと思いながらバスローブを着た。

「キスされてはじまっちゃったら、もう演じるしかないです。嫌だけど、ホテルまで行って嫌だっていえないし、態度にだせないじゃないですか。そうなっちゃったら早く終わりたいから、とりあえず、早く、早くみたいな。そのときに生まれて初めておじさんとしました。パパ活は、その最初が一番嫌でした。男性が同じ年齢とかだったら、気持ち悪いとかはないけど、おじさんは気持ち悪い。おじさんでも若々しければいいけど、普通のおじさんだとちょっと拒否感はでます」

興奮している男性にキスから全身を舐められ、クンニされた。目をあけると、股間に薄い頭皮に脂っぽい髪の毛がのっている頭が挟まっていた。パパ活をするなら、好感がもてる男性をちゃんと選ばないとダメだと、その瞬間に心から思った。そして、帰るときに男性から3万円を渡された。

パパ活は「仕事」だと思っている

真奈さんは最初に痛い思いをしたが、Cのままパパ活を続けている。

男性会員からオファーがあるとクラブからLINEがくる。ほとんどの男性は写真がないので、クラブ担当者が書く備考欄を読んで会うかどうかを決めている。パパ活は意識として副業、仕事である。買い手市場であることは理解しているので、男性から依頼があった場合はどうするかちゃんと考える。

初めての大人の経験で、生理的に嫌な男性との肉体関係は本当にツラいことを知った。不潔な可能性がある男性には会わないようにした。食事の後、嫌悪感を抱いた男性に誘われたとき、ちゃんと対応できるようにシミュレーションして断り方の練習もした。

「いま定期的に会っている人は4人います。3人が40代で、1人が50代。そのうち2人はコロナで会えないので2人ですね。月1回の人もいれば、2週間に1回の人もいて、忙しくてしばらく連絡こないときもあります。定期の男性にラブはないですね。嫌じゃないくらい。私は最初からこういう活動って割り切っているし、4人のなかでホテルに行くのは2人だけ。あとの2人は茶飯です。大人がしたいってあっちからいってこないだけかもしれないけど、いまのところいわれてないのでしてないです」

パパ活は仕事だと考えているので、肉体関係になってもいい基準は〝嫌じゃなければ〟だけだ。清潔感があればOKなので、男性側から見ればハードルは高くはない。

「パパ活でのエッチは、まあ、うまい人だったら気持ちはいい。でも、自分に気持ちが入ってないので、そこまでいいみたいにはならないです。彼氏とは全然違います。ただの行為みたいな感じ。お金はしばらく相場がわからなかったけど、３万円もらってました。誘われたときに相手から3っていってくることが多くて、その金額で頷いてます」

　大人の関係になる価格は、自分からいわないので、相手が3万円以上を提示してきたら頷く。この半年間で６人の男性と大人の関係になったが、３万円以下を提示してきた人はいない。３万円か４万円だった。

「お金のことは基本的に自分から金額はいわないけど、ついこの前会った人は、無理だなと思ったので、自分からいいました。その人はお食事するぶんには楽しいんだけど、横並びでお食事をしたときに口臭がしたんですよ。くさいって。歯科助手していたから歯周病ってわかった。絶対に嫌だなって。誘われたので断ってくれるように『次回、６万円なら』って2倍の値段をいったんですよ。一応、その日は諦めてくれました。かわすのは難しいです」

交際クラブでA以外の女性は、基本的に肉体関係を頭の片隅に想定している。またどこかに仕事という意識もあるので、一般的な出会いと比較すると肉体関係までのハードルは低い。真奈さんは普通の会社員である。プライベートな場面で男性に肉体関係を求められても普段は頷かないところを、仕事という意識があるパパ活の場だと頷いてしまう。さらに食事からホテルに行ってセックスすると、おおよそ4時間くらいかかる。その報酬が3万円というのは高くはない。

実際に真奈さんのパパ活収入は高くはなく、週1日〜2日のパパ活で収入は月10万円程度という。セックスを含むパパ活をしても、その程度のお金にしかならないともいえる。

「大人をするなら3は欲しいなと思ったのは、男性から聞いて性風俗の値段が2万円くらいって知ったからです。風俗は60分とか90分で2万円となると、こっちとしては食事を含めると4時間くらい時間を割くので最低3万円だろうって計算。2万円っていわれると、あなたにとって私はそういうレベルなのね、みたいなことを感じちゃう。逆に年収が６０

０万円くらいの人から５っていわれたことがあって、そのときははじめたばかりだったので自分から３に下げちゃいました。年収が高くない人から５万円もらうことに躊躇したというか、自分がその価値を相手に与えることができるか不安だったので」

交際クラブは男性へのサービス業なので、男性と女性をセッティングするにあたって男性のニーズに合わせている。すでに説明したように男性は恋愛がしたい、女性はカラダをなるべく使わずに楽に稼ぎたい、と思っている。交際クラブは男性のニーズを満たすことを価値としているので、女性を男性のニーズに合わせるシステムになっている。

真奈さんは友だちから聞いて食事だけでお金をもらえると申し込んだが、説明を受けてＡではなくＣを選択、実際に複数の男性と肉体関係になっている。出会いまでにクラブが介入することで男性に合わせるよう誘導するので、オンラインと比較すると圧倒的にミスマッチは少なくなっている。

実際に定期もつくり、パパ活のフルコースを経験した真奈さんはどう思っているのだろうか。

「疲れます。半年間、パパ活をやってみて疲れたなって思う。相手のことは好きじゃない。好きでもない人とホテル行って、そういうことして。つくり笑顔じゃないけど、対応して、食事までならそれなりに楽しくはあるけど、その先になるとけっこう疲れる」

楽しいでも、ツラいでも、稼げるでもなく、疲れたという感想だった。交際スタイルの設定をCからBに変更することを検討中だという。

第三章　パパ活男性をウンザリさせる「茶飯女子」

セックスを一切拒否するパパ活女子

「茶飯女子」にパパ活男性たちは大いに悩まされている。茶飯女子とはオンラインで活動するパパ活女子のなかに膨大に生息し、男性とお茶か食事をしてお金はもらうが、恋愛やセックスは一切拒絶するスタンスでパパ活をしている女性たちだ。

男性はセックスを含む交際をするための女性を探している。茶飯女子はそのニーズを無視、もしくは否定しながらニーズにない価値を主張して報酬を求める。男性にとっては地雷でしかなく、出会ってしまったら負けである。茶飯女子であることに気づかないで関係を続けると、心を疲弊させながら、お金と時間を無駄にする。そんな被害に遭う男性たちが続出しているのだ。

男性のニーズをサービスの軸にしている交際クラブは、茶飯女子対策として、「基本的にお茶やお食事のデートを希望します。肉体関係を含む交際は希望しません」と、あらかじめ自分が茶飯女子であることを男性に伝えさせている。茶飯女子は堂々と宣言するか、もしくはクラブのルールを守りながら茶飯女子であることを隠す必要があり、ミスマッチが起こりづらいシステムになっている。

しかし、オンラインで活動するパパ活女子は仲介する第三者がいない。男女は対等で、交際したい男性と、交際を否定してお金だけが欲しい女性が入り交じってカオスとなっている。

男性との交際を否定する茶飯女子は、自分の貴重な時間を男性に提供していると主張をする。顔合わせや食事をしたら、その時間にお金を払うべきという考え方で、恋愛をしたい男性のニーズは考慮されない。男性は女性との関係性を深めるために食事デートをするが、時間を売る茶飯女子は同席して時間を提供するだけで任務は完了となるので、深刻なミスマッチが起こる。

人間関係を築いていきたい男性のニーズは無視されるので、結果として男性を対等の人間ではなく、ＡＴＭとしか思っていないような茶飯女子が続出することになった。そのほとんどは不毛な出会いであり、お金と時間の無駄となる。

お金を払っているのにこちらの求めることは否定され、挙げ句に対等な人間扱いされない結果に、パパ活男性は悩んでいる。悩む程度ならまだいいが、彼女たちにいいように扱われたことで精神的に病んでしまう男性もいるという。

方言で男性をかわす20歳のパパ活女子

パパと食事することを希望していた吉川麗美さん（仮名、20歳）にメッセージを送ると、具体的な話はなにもないまま、すぐに会うことになった。彼女から指定されたのは、西武鉄道が開発した埼玉県郊外の駅前だった。

「ごんにちわ、なかむらさんだべか。どおくからもうしわけなか」

駅前で待っていると、小柄なかわいい女の子が近づいてきた。そして、こう声をかけられた。なにをいっているかわからない。筆者は言葉を失った。

「いわべからきたばかりで、とうきょうはほどおおいのできんじょがええがなって。わざわざありがとな」

明るい笑顔、でも、なにをいっているかわからない。わからないので返答できない。しばらく考えたのち、「こんにちは、中村さんですか。遠くまで申し訳ないです。岩手県からきたばかりで、東京は人が多いので近所まできてもらいました。わざわざありがとうございます」だと理解した。東北の方言だった。

話が通じるのかわからなかったが、その場で取材であることを伝えると、かわいい顔はそのままで「あーわかりました。身バレしなければ、全然いいですよ。ご飯もいらないです」と、方言でなく共通語で返ってきた。

掲載されていたプロフィールは、おおよそ本当のことのようだ。

２年前に美容専門学校進学のために上京して、２０２０年４月１日から有名美容室で働き、コロナで客足が途絶えて５月中旬で解雇になっている。それから取材時（２０２０年６月末）まで茶飯だけのパパ活で食いつないでいた。プロフィール文で「食べることが大好き！」「お肉が大好き！」と食事を強調するのは、茶飯による顔合わせに誘導するためだという。

「パパ活は、半年前の美容学校２年生のときから。在学中は17時から21時までしか時間がなくて、４時間で３人のパパと食事するんですよ。焼肉とか焼き鳥とかハシゴになっちゃうから、めちゃ太る。パパ活はめちゃめちゃ太ります。太りだしてまずいと思って、わたし、小食なんですぅ、みたいなことをいって、自分はあんま食べなかった。この辺（西武沿線の埼玉県）でひとり暮らししているので、都内まででるのは面倒。だから、新宿か池袋で一日に何人も会うんですよ」

サイトに掲載する写真は、オシャレでかわいい女の子という印象で、実際もその通りだった。プロフィール文には、「そういう関係はお互い信頼できる関係になってから」と当日の肉体関係はキッパリと断りながら、その先を匂わせている。半年間、ずっと男性からのオファーはひっきりなしだという。

食事に同席するだけなので、相手は選ばない。誰でもいい。なので、自分の都合でどうにでもなる。まず、どこかで丸一日パパ活をする日にちを決める。連絡がきた男性にメッセージを送りまくり、場所は新宿か渋谷で11時、13時、15時、17時、19時、21時とアポイントを詰め込む。やってきた男性と食事して、食事が終わると約束していた5000円〜1万円を請求し、お金をもらったらすぐに手を振って帰る。そんなパパ活を繰り返している。

プロフィール文を真に受けた男性たちは、麗美さんに喜んでもらうために焼肉店を予約する。昼間のランチだったら安価だが、夜の待ち合わせになると数万円する高級店なこともある。男性たちは20歳の女子との出会いに期待を膨らませ、喜んでもらうために好きな焼肉を準備する。しかし、彼女にとっては、高級焼肉店は4食目だったり、5食目だったりするので、会話が盛りあがらないのは当然、食べることすらしてもらえなかったりする。

「パパ活で会うおじさんには、まず方言を使います。食事中もずっと方言でしゃべって、聞かれたら処女っていいます。東北弁って悲壮感があるというか、なんかかわいそうな感じに見られる。方言で話すと、口説かれないし、肉体関係みたいなことを求められない。たまに肉体関係を求められても『しょじょだべ（処女です）』みたいに返すと、相手は諦めて、君はそのままでいいよってなる。だから、パパ活で東北弁はすごく都合いい。キスも求められることあるけど、そのときは『へるべすだべ、うつるべ（ヘルペスなのでうつっちゃうのでできないです）』っていいます。そうすると、それ以上求められません」

半年間で、１００人以上の男性と会っている。茶飯だけで月20万円前後を稼ぐので、無職でも家賃を払って生活ができている。男性は40代が多く、直接的、または遠まわしにキスや肉体関係を求められるのは3割ほど。悲壮感のある東北の方言で誘いをうまくかわし、お手当だけをもらっている。いまのところ、誰一人とも肉体関係になっていないのはもちろん、誰とも二度は会っていない。

「メッセージで事前に肉体関係誘われたときは、とりあえず会って方言でしゃべる、それで食べ終わったらお金をもらう。やっていることは、とりあえず会って方言でしゃべる、それで食べ終わったらお金をもらう。それだけです。一度会うじゃないですか。そこでこんな口調でしゃべると、おじさんはその気が失せるんです。やっぱりいいや、って引いてくれます。だから、顔合わせで一度食事するだけのパパ活ですね。定期的な関係になると、どうしても人間関係が生まれて、肉体関係になっちゃうだろうから二度は会いません。いちいち、セッティングするのが面倒くさいけど、ずっと顔合わせと食事だけで稼いでいるし、これからも、それしかするつもりがない。理由はおじさんとはしたくないからです」

麗美さんは中年男性と肉体関係どころか、一切の人間関係も築かない戦略で、パパ活で稼いだお金だけで生活を支えていた。

親は学費も生活費もだしてくれないから

普通の感覚だと、なにか期待している人と対面して、期待を裏切ることはストレスがかかる。どうして、そこまで徹底できるのか。

親が進学に反対する貧しい家庭に育ったようだ。東北の田舎は祖父母の時代からずっと大学進学率は低く、進学は贅沢という意識がある。大学どころか東京の美容学校の進学を希望しても、当然のように理解されなかった。高校卒業からは一切親からの援助はなく、美容学校の学費もすべて自分で払ったという。

ひとり暮らしするのは、西武新宿線沿線の郊外の新築アパート。少しでも家賃が安いところを探したので、駅から徒歩20分以上かかる。鉄筋造で家賃４万５０００円、上京してからずっと同じ部屋に住んでいる。美容学校時代もいまも、自転車で駅まで行って満員電車に乗る。東京で暮らすまで満員電車は見たことがなく、本当に驚いたという。

「田舎者なのと、東京暮らしに憧れがあったので、どうしても汚いアパートは嫌でした。

だから遠くても綺麗な部屋のほうがよかったので、埼玉県になっちゃった。お金だけの問題ですね。東京の家賃はどう考えても払えないです」

高校から学校の授業以外はすべてアルバイト、最低賃金ながら3年間ずっと月10万円以上を稼ぎ続けている。東京の原宿の美容室で働くことは、小学校の頃からの夢で、それは実現した。

「親が子どもに一切お金をかけたくないって人。だから、高校1年からずっとバイトばかり。居酒屋の掛け持ちとコールセンターと。バイト行って、バイト行って、授業にでて、バイトみたいな。授業が終わったらコールセンターに行って18時まで、それから繁華街のほうに移動して19時から居酒屋みたいな。それが毎日。18歳を超えたら22時以降も働ける。誕生日早いので高校3年からは24時までやりました」

高校3年のとき、親にこれからどうするのか聞かれた。美容学校に進学したいというと、ふざけるなと怒鳴られた。進学は絶対にダメで、就職しろといわれた。

「だいたい、岩手県に就職先ないですよ。高卒だったら介護くらい。そんなの絶対考えられない。父親はパチンコ好き。たぶん借金があるから、あんなに進学に反対したんだと思う。父親は絶対に進学は許さないだろうなって、案の定だった。だからバイトをしまくって貯金した。高校卒業のとき１６０万円くらい貯まっていて、半分家出みたいな感じで美容学校に進学しちゃいました。全部、自分のお金です」

美容学校は学費が年間１５０万円かかる。奨学金をフルで借りて学費に充てて、家賃と生活費は自分で稼いだ。上京してからも居酒屋で長時間労働して、どうしても足りないときにはガールズバーで働いた。

「だから、パパ活はじめました」

居酒屋での長時間労働、それにガールズバーで働いてもお金が足りなかったので、パパ活をすることになった。パパ活はネットに情報が載っていたり、美容学校の友だちから聞いたり、なんとなく存在は知っていた。オンラインのサイトに登録して、パパ活をはじめている。

おもしろいようにおじさんたちからメッセージがきた。おじさんたちは、みんな麗美さんに会いたがった。ネットでパパ活について調べると、食事だけでお金を払うおじさんの存在を知った。試しにやってみると、本当にお茶や食事をするだけでお金になった。

何度か繰り返しているうちに、おじさんは若い女子と恋愛したい希望があることを察した。プロフィールに「そういう関係はお互い信頼できる関係になってからと考えております」と、当日の肉体関係は拒絶しながら、未来を匂わせる文章をいれた。食費を浮かせるために焼肉好きの女の子というキャラにして、食費が浮いた上にお金までもらえる。パパ活は人生でもっとも楽で、もっとも効率のいい仕事だった。

コロナの影響で美容学校は２月卒業となった。美容室の入社日までひと月以上もあり、初任給がもらえるのは４月末、だいぶ先だ。空いている時間に重点的にパパ活をやることにした。それまで一日１人、もしくは２人だったが、３人、４人と会う人数を２倍以上に増やした。３月は月30万円以上を茶飯だけで稼いでいる。

２０２０年４月１日、入社。朝８時半出勤、閉店作業をして終わるのは21時。そこからカットの練習をする。緊急事態宣言が出ると客足は前年度比7割減、店の雰囲気はどんどん悪くなった。

「原宿にまったく人がいないし、お客さんも来ない。ずっと東京に憧れて、親の反対を押し切って有名店に就職もできて、やっとこれからってときにコケちゃいました。5月末に店長に呼びだされて、もう来なくていいって。辞めたくないっていったけど、どうしても自主退職してほしいって」

売り上げを生まない正社員のアシスタントから人員削減となって、麗美さんは真っ先にリストラ対象となった。

「クビになっちゃったので、またパパ活漬けです。特に最近は、たくさんのおじさんと会っていて。食事5000円でも、月20万円くらい稼げてます。コロナが落ち着くまでパパ活続けます。落ち着いたら、どこか美容室に就職します」

麗美さんに謝礼として茶飯と同じ金額５０００円を渡した。慣れた手つきで５０００円札を受け取って、財布にしまった。そして、すぐに徒歩20分以上という家に帰っていった。

「おじさんとお茶をするだけでお金になる」の誤解

パパ活で男性が望まない茶飯が頻発するのは、まずお互いが会う顔合わせの文化が原因だろう。本来、顔合わせはお互いが対面して交際するかしないか、交際するならばどういう条件かを２人で決める場だ。パパ活で先行する交際クラブでは、顔合わせのときに５０００円程度の交通費を支払う習慣があり、それがオンラインでも踏襲されたことにより、茶飯デートの文化が定着したのだろう。

パパ活は女性同士の口コミで広がる。多くの場面で「おじさんとお茶をするだけでお金になる」と、同性の友だちから聞いてパパ活女子になる。最初から男性のニーズが誤解されて広がったことにより、茶飯女子が増殖することになった。

パパ活のオンライン化で男女が対等になったことが決定打となり、顔を合わせて２人の未来を話し合う場という本来の目的はねじ曲がり、男性の望まない形でお茶と食事だけで高額請求されるようになったのだ。健全な等価交換がされていないことに憤った一部のパパ活男性たちは、「顔合わせ」報酬の廃止を訴え、出会った女性が茶飯女子と判明した瞬間にＬＩＮＥブロックやお別れのメールを送るなど、非力ながら応酬している。

発展途上のパパ活は意味や解釈がカオス状態である。茶飯女子はパパ活では最重要トピックなので、ここで定義をしておこう。

茶飯女子の定義①　お茶やお食事のデートを希望して、肉体関係を含む交際は希望しない
茶飯女子の定義②　男性のニーズに興味がなく、無視する
茶飯女子の定義③　自分の時間を売っている意識がある

茶飯女子の定義①②③のすべてに該当するのが茶飯女子である。

肉体関係はなくても、男性が満足しているケースもある。①と同様に肉体関係を含む交際は希望しないが、その本心が相手にバレないように気を使いながら、一緒に食事をした男性をその場では楽しませるという意識の女性は②③に該当しない。なので、茶飯女子で

はないことにしたい。

女性の気遣いによって楽しい食事となれば、男性たちも喜んで報酬を払うだろう。茶飯女子のパパ活は等価交換が成り立っていないことが問題であり、特に18歳～25歳の若い女子に目立つ。

18歳～25歳という年齢は、女性の価値がもっとも認められるときであり、下心のあるおじさんと対等に付き合いたくないことが理由だろう。女性たちはおじさんを好きじゃないし、かかわりたくない。なので、お金になるという動機がないと食事に同席することはない。

女性たちは若いというだけで簡単に価値が認められることを知り、交際クラブで交通費5000円だったものを、どんどん価格上昇させた。顔合わせ1万円～、食事1万円～4万円と吹っ掛け、それに応じる男性が続出した。そして「おじさんとお茶するだけでお金になる」という誤解が生まれ、その誤解が全体的なパパ活男性のニーズとして若い女性たちに広がった。これが茶飯女子が大量増殖した理由である。

仕事と割り切って楽しませればいいが、同席するだけで任務完了となるケースが増えてきたため、一部のおじさんたちは怒ってしまったのだろう。男性のニーズが優先される交際クラブでは、その誤解は誤解として潰されるが、男女が平等であるオンラインではまかり通ってしまっている。

ネットワークビジネスに失敗したパパ活女子

「本業は派遣の事務で、夜は居酒屋のダブルワークでした。居酒屋はコロナで20時までになってしまって、どうしようって。それでパパ活をはじめました。実はネットワークビジネスでけっこう借金をつくってしまって、派遣のお給料だけでは借金返済できないのです。お金を借りたのは消費者金融に150万円くらい」

原本彩花さん（仮名、25歳）は、困窮する現状を語りだした。コンサバ系、清潔感ある普通の女子だった。新卒で入社した会社を1年で辞めている。退社後のこの2年間ほどは、経済的に厳しい状態が続いているという。

彩花さんがパパ活女子になった理由は、ネットワークビジネスの失敗だった。ネットワークビジネスとは購入者を販売員として勧誘し、販売員がまた別の人を販売員として勧誘するビジネスで、マルチとも呼ばれる。昭和の時代からある業態だが、いまも若者たちに猛威をふるっている。意識が高く、世間知らず、情報弱者が引っかかる傾向がある。

「化粧品系のネットワークビジネスで〇〇って、ご存じですか。社会人になってすぐにはじめて、半年前まで大ハマりしてました。田舎から親は乗り込んでくるわ、電気は止まっちゃうわ大変なことになってしまいました。生活はトリプルワークでやっと少し立て直せた感じ」

いまは若者をターゲットにしたキラキラ系のセミナーや街コンで勧誘する。頷いて販売員になると、毎月15万円ぶんの化粧品を仕入れる。その商品を友だちや知り合いに販売しなければならない。返品はできない。売れなかったら結果的に自分が買い取ることになる。

ほとんどの販売員は20代前半の若者たちで、そもそもお金がない。キラキラを信じて夢を見て無理して商品を仕入れて、結果的にほとんどの者は満足に販売することができなくなる。赤字が累積して、借金をするようになり、どうにもならなくなってパパ活女子になる。

「結局、売りさばけなかった。売り上げが立つこともあるけど、なかなか難しくて。ほぼ毎月15万円を払い続けました。社会人になってすぐに街コンで仲良くなった女性がいて、その女性はキラキラしてて、魅力的な生き方だなって、なんか素敵だなって惹かれました。その人がネットワークビジネスをやっていて誘われた」

地方の私立大学出身で、3年前に就職で上京。友だちも知り合いもいない都会にきて不安になり、友だちづくりのための街コンに参加。販売員の女性と仲良くなった。そして飲み会やバーベキュー、セミナーなどに参加するうちに、自分も販売員になった。

「一生懸命やりました。すぐに仕事との両立ができなくなった。友だちに勧めたり、街コンに行って交流を広げたりって営業して、毎日、師匠に報告する。そこでみんなで夢を語り合って、また明日頑張るみたいな生活。合コンとか、人脈を広げて友だちをどんどん増やしていくことを『現場』っていうんです。現場が終わって23時から師匠の家に行って、家に帰ると3時くらいで、そこから朝7時に起きて会社に出勤。それが退社理由です」

毎日合コンを主催し、あらゆる友だちに連絡し、夢を語ってネットワークビジネスを勧めた。無断欠勤が増えて会社に居づらくなり、学生時代の友だちは減った。それでも夢のために頑張る私は素晴らしい、夢をもった仲間たちに囲まれて幸せだと思っていた。

「借金まみれになって、家の電気が止められたことで、さすがに疑問がでてきた。会社を辞めたことも後悔して。その女性も夢を語るばかりで、全然稼げてない。みんなキラキラしているのに実は困窮していたり、蓋をあければ借金まみれだったりした」

友だちが誰もいなくなり、会社も辞めて150万円の借金が残った。派遣の仕事と居酒屋のダブルワークで眠る時間以外は働いたが、コロナになって居酒屋の仕事がほとんどなくなった。パパ活サイトに登録して、パパ活をはじめている。

パパは40代後半の信用金庫サラリーマン

「肉体関係はなしでやっています。40代のおじさんと何人も会ったけど、定期的に会っているのは、40代後半の金融関係のおじさん。会うたびに1万円くれます」

40代後半の金融関係おじさんは、既婚者で妻子がいる。信用金庫のサラリーマンのようだ。一般的なサラリーマンはパパ活男性のなかでは収入や社会的地位が低い部類であり、細Pと呼ばれる。細々とパパ活をしている男性、という意味だ。

彩花さんにはパパ活で出会った男性と「肉体関係を含む交際をする」という意識はまったくなく、男性がそういう関係を求めてパパ活していることも知らなかった。おじさんと一緒に食事することがパパ活という認識だった。オンラインのパパ活はひとりでするので、自分自身が検索しないと情報ははいってこない。彩花さんはパパ活女子でありながら、パパ活のことはなにも知らなかった。

彼女がいうには、信用金庫のサラリーマンは一緒に食事をするだけで喜んでいるようで、お金がない彩花さんは、お金と食費を浮かせることが目的で週2回ペースでおじさんを呼びだし、レストランや居酒屋などで一緒に食事をしている。

「借金とか、身の上話をしてます。相手は援助している感じなのかな。週2日くらい会っていて、その人は金融関係だから法律にけっこう詳しい。知らないことを教えてくれる。消費者金融の契約書とか見てもらって、いま月の支払い4万円だけど、6万円に増やして、もうちょっと貯金も増やして一括で返しちゃったほうがいいみたいなアドバイスしてくれたり。娘くらいの年齢の子に援助したいんですかね。よくわからない。会うたびに1万円くれます」

信用金庫のサラリーマンは娘くらいの子に援助したいのではなく、肉体関係も含む恋愛、愛人関係になるのが理想なはずだ。週2日平均でしている食事は、関係を深めるための時間、先行投資という意識だろう。しかし、何度顔を合わせても、彩花さんは男性の好意に興味がない。まったく気づいていない。

彼女には2歳年上の彼氏がいる。仕事帰りにサラリーマンと食事して、そのまま彼氏の家に行って泊まる。それが彩花さんの最近の日常となっている。筆者はその信用金庫のサラリーマンがおそらく思っているだろうことを代弁して、彼女に伝えてみた。

「その人は、彼氏とは全然違います。え、なんだろう。恋愛感情はまったくないです。相談係、相談おじさんです。お金くれるからありがたいけど、好きになる要素がない。嫌悪感は抱かないけど、触れてほしくないです。好意も抱いてないです。いい人だなってだけ。おじさんと恋愛なんて、ありえないし、聞いたことないですよ。そんな気持ち悪いことは絶対にありえません。おじさんは金融関係で借金の法律とかに詳しいし、相談するいい人が見つかって、よかったなって」

信用金庫のサラリーマンは、どうして恋愛対象にならないのだろうか。もっと聞いてみた。

「ネットワークビジネスで借金抱えて、会社も辞めちゃって、もうこれ以上は親に迷惑かけられない。だから、借金の相談に乗ってくれるのはありがたい。身元がしっかりしているし、詳しい人はまわりに誰もいないから相談係としては離したくはないかな。でも、なにもかも恋愛感情対象外です。理由はおじさん要素が全部嫌です。具休的には、背が低い、中年太り、性格も嫌いかな、ケチだし。お金もらっておいてなんだけど、選ぶお店とかケチなんです。大学生のカップルが行くような焼肉屋とか、安い感じのところばかり。なんとかしてあげたい、っていうなら、本心はお金を頂戴と思うけど、さすがにそれはいえない。それに、彼氏とか恋愛対象は見た目が第一じゃないですか」

信用金庫のサラリーマンは彩花さんに呼ばれると、新宿にやってくる。毎回、適当に安価な焼肉店やレストランを選び、彼女に一生懸命ファイナンスのアドバイスをして1万円を払ってとぼとぼと帰っていく。

自分の若さを過大評価するのが天然の茶飯女子

茶飯女子たちの本心を聞くと、下心のあるパパ活男性に対して敬意がないまでは理解できるものの、同じ生物とすら思っていない悲惨な現状がある。

男性は建前として、「若い女子と食事や会話を楽しんで、その対価としてお金を払って」はいる。しかし、自分に対して一切の興味がない女子と会話をしても、楽しくはないし、あしながおじさんをしたいわけではないだろう。ほとんどの男性たちは「なにか違う」とモヤモヤしながら、仕方なくお金を払っているはずだ。そしてお金を払ったことが茶飯女子の成功体験になり、また新たな茶飯に向かうという悪循環となっている。

時間を売っている茶飯女子は、会話を楽しんでもらおうという気持ちはない。彩花さんはお金のために一緒にいてあげている、相談してあげている、という感覚だろう。信用金庫のサラリーマンは頼られ、相談されることで喜んでいるようなので等価交換は成り立っているともいえるが、本来の目的である「肉体関係を含めた交際をしたい」のならば、茶飯女子である彩花さんとは早急に縁を切るべきなのだ。

女性性を売った経験がない一般的な女子ほど、無邪気に茶飯女子になるという傾向がある。男性の欲望に応える仕事である水商売や風俗経験がある女子は、等価交換の経験があるので、茶飯女子状態になっても嘘をついたり、演技したりと、男のニーズを理解しながらそれを満たす努力や工夫をしている。

しかし、なにも知らない一般女子は、「おじさんとお茶するだけでお金になる」という女子同士の口コミを真に受けて、天然の茶飯女子になりがちだ。多くは自分の若さを過大評価しているので、おじさんたちは同席するだけで本当に喜んでいると思っている。

顔合わせ、食事で対価を払う茶飯は、商取引の基本原則である等価交換が成り立っていない。この現況を疑問視、問題視する男性はいま続々と増えている印象なので、また状況も変わってくるかもしれない。

有名私大の女子学生たちも続々とパパ活女子に

かなり症状が重い茶飯女子だったのは、一流私大に在学中の藤井優菜さん（仮名、21歳）だ。彼女はパパ活サイトで写真掲載なしで登録していた。待ち合わせの喫茶店にスタイリッシュで見惚れるような美人がやってきた。小柄でスタイルがよく、誰が見ても美人で清潔感があった。取材のとき、パパ活歴は3か月だった。

「パパ活は高校の友だちから聞いたのがきっかけです。おじさんとデートとかありえないので、そのときは興味なかった。意識が変わったのはコロナからで、大学でもなにかいいバイトない？　みたいな話題になると、冗談交じりでパパ活したいねって話すようになってました。コロナになって、バイトができなくなった友だちがどんどんはじめて、みんなやっているから私もやろうかなって。お茶するだけで1万円とか食事で2万円とか、すごく効率がいいと思った」

優菜さんが通う大学で、コロナ以降、女子学生たちが続々とパパ活女子になった。全員が茶飯女子である。大学内のパパ活流行に乗ってすぐにサイトに登録、この3か月間で15

人～20人くらいの男性と会っている。

優菜さんは男性からのメッセージを待つのではなく、男性たちのプロフィールを読んで、安全でお金がありそうな男性にどんどんメッセージを送っている。彼女は自分の外見に自信があるようで、メッセージをやりとりする男性に切り札的な意識で自分の写真を送っている。

「こっちからメッセを送って条件を提示、長期的に会える方を探していますって書くと引っかかりやすい。あっちは食事以上の関係を求めているので、大人は一切やっていないけど、長期って単語をいれておくとメッセージが返ってくる。自分から釣っています。それで僕も長期を探していました、みたいな感じでいってきたら、お茶1万円食事2万円だったら会いますって金額提示して交渉するわけです。条件はあっちから提示してくるときもあれば、私からのときもある」

大人は一切やっていない、と最初から伝えているようだ。自分が若くて美人という自覚があり、若い美人が時間を提供するのだから対価を支払え、という意識をストレートに伝える。食事2万円は相場より高額で、その要求は若くて美人という外見に、現役一流大学生という付加価値を加算したようだ。美人の私が一緒に食事をするだけでその金額ということであり、その価格に見合う楽しい会話を提供しよう、みたいなことは意識していなかった。

「こちらから2万円というと、半分は断られます。でも、ＯＫの人もいる。食事だけの定期もできたことがあって、週に一度ランチに行って都度2万円とか。一緒にいるのはせいぜい1時間くらい。その人は60代の経営者の方でした。なにを話したとか、どんな人だったかって正直覚えてなくて、たぶんあっちが仕事の話とかしていたんじゃないかな。一緒に食事はしているけど、話は興味ないので聞いてないです。あと40代後半の外資コンサルの方が、ちょっとだけ定期になりました」

15人〜20人と会って、2度目を誘われたのが2人。食事のときの会話は気の利いたことをいうわけでもなく、相手からの質問に適当に答えながら愛想笑いを浮かべている程度のようだ。その一瞬だけ定期になったらしい外資コンサル男性から、3度目のランチの別れ際に大人の関係を誘われている。

「その人は普通に清潔感があって、全然見た目は気持ち悪いとかそういう感じじゃなくて、既婚で子どもはいないっていっていました。最初から大人は考えてないって伝えていた。でも、誘ってきた。仕事ができて暇を持て余して、キャバクラ感覚じゃないですか。いわれたのは、帰り際でした。次は……ホテル行こうね、みたいな。もう無理と思ったので、それでブロックして関係を切りました」

外資コンサルは清潔感あるビジネスマンでダンディだったという。どうして肉体関係をもちたくないのか、理由を聞いてみる。

「単純に気持ち悪いからです！　そもそもそんな年下に手をだす行為が社会的によくないでしょう。私のほうが25歳下だし、なんなら60代の方は父親より上。60代の人も最終的に肉体関係をいってきたので、さよならしました」

結局、彼女が2度以上食事をした男性は、全員が肉体関係を要求していた。

「やっぱり年上ってだけで抵抗あって、それこそ最近3歳上の彼氏ができちゃったけど、年上と付き合いたいって思ったことがないんですよ。だから3歳違うだけでも抵抗があったくらいなので、パパ活とかいって子どもくらいの年下に手をだそうとしているのが許せないっていうのと、あと相手は既婚者なので、それもこわい。私はなにもしていないのに、一線越えたら訴えられる可能性もあるじゃないですか。あとは売春したくない、ってプライドですね」

自分からメッセージを送り、相手に希望をもたせながらメッセージ交換、長期の交際を匂わせながら食事だけの関係を結ぶ。そもそも男性のニーズが一緒に食事をすることではないので、長続きはしない。食事をすれば、一切の人間関係を築く気持ちはないことはわかる。その2人は2万円という高額投資をしたので、大人の関係になるしか元はとれないと思ったのだろう。

食事2万円は相場からズレているので、自分から熱心にメッセージを送っても、なかなか実現までいかない。実際に食事をしても、お互いにとって楽しくない会食なので基本的に一度きりになる。2度目があっても肉体関係を求められた時点で切るので、パパ活で出会った男性で人間関係が継続したのはゼロということだ。

相手あってのパパ活である。自己中心にパパ活を進行させた優菜さんはパパ活には失敗している。しかし、自分の美貌に対する自意識が高いので、失敗しているという自覚はなかった。

奨学金739万2000円＋利子返済のために稼がなきゃ

強気な美人茶飯女子にパーソナルヒストリーを聞いた。両親が離婚し、いまは母親の実家で暮らしている。

「パパ活は学費もそうですし、あと生活費のため。実家にお金をいれているので、コロナでバイトがなくなるとキツイ。両親が離婚したのは小学校高学年のときで、お金はまったくないです。大学は奨学金をフルで借りて自力で通っています」

父親は会社経営者でずっと裕福だった。小学校5年のときに事業が失敗、両親は離婚となった。豪邸といえる家から都営の団地に引っ越して、高校時代からアルバイトをはじめ、毎月家にお金をいれている。最難関大学は推薦で入学している。

「成績はよかったので、高校は授業料免除でした。高校時代から飲食店でバイトして、自分の使うお金は稼いでいました。大学は授業料がすごく高いところ。全額奨学金です。借りているのは、日本学生支援機構の第一種と第二種を月15万円くらい。コロナ前までは飲食店と英会話学校の講師とバイトを2つやっていたけど、コロナで両方ダメになった。それで友だちの間で流行っていたパパ活に興味をもって、興味本位というかおもしろ半分でやった」

奨学金は無利子の第一種月5万4000円、有利子の第二種月10万円、あわせて月15万4000円。卒業までに739万2000円に利子が加わる巨額の負債を抱える。コロナでアルバイトがなくなって、途方に暮れたとき、パパ活サイトに登録した。

「奨学金の額が大きすぎて自分がどれだけの借金を抱えているのかわからない。いまの段階だと、とても返済できるとは思えない。お金が圧倒的に足りてないことだけはわかるので、稼がなきゃって意識はあります。お金がある中年男性からお金をもらうパパ活はいいなって思った」

父親は事業に失敗していなくなり、家族は都営団地に追われて貧困になった。高校時代からアルバイトを続け、すでに総額が把握できないほどの多額の借金を背負っている。パパ活は父親世代のお金のある中年男性が若い女の子に援助すると聞いて、父親に甘えるような意識で強気な態度をとったのでは、と推測した。

彼女は自ら男性を検索して、自己紹介や職業、収入をチェックして自分から「お会いしたい」とメッセージを送っている。食事してお金をもらうことが目的なので、相手の年齢は重要視していない。お茶1、食事2の価格と大人を絶対にしないことは徹底して、一見の客から相場よりも高額をとる戦略で、いまのところ月10万円程度、合計30万円くらいは稼ぐことができた。

最後に大人を拒絶する理由をあらためて聞いてみた。

「嫌いな中年男性にお金をもらって肉体関係になるのは、人間としてダメなんじゃないかと思います。最初は嫌でも、一度やったら大丈夫ってなりそうでこわい。一度で5万円とかもらったら、働かなくていい金額になっちゃうじゃないですか。あと中年男性とのセックスが想像ができないというか、想像したくない。気持ち悪い。顔が近づくだけで気持ち悪い。本当に好きな人かカッコいい人としかやりたくないし、40代は本能的にダメです。言葉に表せないけど、細胞が否定しているみたいな」

いま付き合っている3歳上の恋人は高学歴、一途、高身長、マッチョ、一重、歯並びが綺麗らしい。

彼女の話を聞いていると、経済力がない親をもつ娘が、支援だけしてほしくて、親と同世代の経済力がある勝ち組に露骨に金銭をたかっているようだった。

妊娠中でも月50万円のパパ活収入

「妊娠8か月です。相手は水商売の男で、付き合ったのは1年前くらい。歌舞伎町のバーで出会って、そんな長く付き合うつもりもなかったし、なにも考えてなかった。別れた後に妊娠がわかった。その人に対しては、なにも思い入れがない。どうでもいいみたいな」

これからシングルマザーになる古賀萌香さん（仮名、21歳）は、都内の美容室に勤務する美容師だ。お腹は大きいが、スタイルはよくてかわいらしい。女優の今田美桜に似てなくもない。行きずりの男との肉体関係で妊娠してしまったが、堕胎は一切考えなかった。

「美容師見習いなので給料安いけど、パパ活をしているので、生活はなんの問題もないです。いま代々木に住んでいて家賃は12万円、名義と支払いはパパです。家はめちゃこだわっているので、どうしてもそのくらいになる。住むなら新築は絶対条件で、あと最上階。だから、７階建ての７階。審査はパパなので税金対策だからいいよって」

働きながらのパパ活が好調で、お金は潤沢にあるようだ。都庁が見える代々木の新築マンション暮らしで、家賃はなし。本業である美容師の収入に加えて、最低月50万円のパパ活収入があるという。

「私は本当の意味でのパパ活しかしません。パパは全部で30人くらいいる。頻繁に会う定期は5人くらい。全員、肉体関係は一切ないですよ」

声高に肉体関係が一切ないことを強調する。食事のみのデートでお手当をもらうことが本来のパパ活とのことで、男性と肉体関係を含む交際をするのは間違ったパパ活であるという意識だった。彼女は茶飯女子として、圧倒的に成果をだしていた。

「家賃だしてもらっているのは、40代後半の建築関係の経営者。もちろん相手は鍵も持ってないし、向こうも立場をわきまえています。その人には肉体関係はやらないよ、っていっている。それはお金じゃないよって。頻繁に会うパパの年齢はバラバラ。20代もいれば、60代も。20代の人は困っている女の子に経済的支援がしたいみたいな感じ。いま困ってる？　いくら欲しいのみたいな」

美容学校に進学してすぐ、18歳で地方の繁華街でキャバ嬢になっている。2年半前のことだ。客と同伴やアフターをしているうちに、男性客とデートして個人的にお金をもらうようになった。口説いてくる男性客と食事すると、お手当や交通費という名目で1万円や2万円がもらえた。そんなことをしているうちに、世間でパパ活という言葉が流行して、自分がしていることはパパ活だと知ったという。

「一緒にご飯食べるだけのパパ活です。相手がなんのメリットがあってお金を使っているのかわかりません。私が聞きたい。なにが楽しいんだろうって思いつつ、その人にとっては誰かと会って話すって目的があるからいいかって。嫌だったら会わないし。私はパパ活では個人的な話はしないです。だから、ほとんどのパパは妊娠していることは知らないです。パパとの会話は暑いねとか、オリンピックやるんだねとか、どうでもいい雑談です」

パパ活がお金になることを知ったのでキャバクラは辞めた。パパ活サイトに登録して、メッセージでやりとりして一緒に食事をする。最低1万円以上の謝礼はもらうことにしている。やっているのは連絡がきた男性と待ち合わせて、男性が決めた店に一緒に行って、適当に雑談してお金をもらって帰る。それだけだという。

「私のことを深く聞いてくる人はいるけど、うまくかわすことが仕事だと思っています。本当に店外でのキャバクラ。盛りあがるってほどにはいかないけど、そこそこにはできる。私は質問されたくないから、なるべく質問して相手に話をさせる。家庭がある人だったら、奥さんと最近どうなのとか。車が好きな人だったら、車について話したりとか。全然興味なくても、車好きなんだよねとか嘘ついて。それで、すんなり終わります」

男性との肉体関係を拒絶するだけでなく、自己開示もしないという。よくうまくいっていると思うが、常時20人～30人と繋がって、現在進行形の定期は5人程度がずっと続いているという。

「おじさんは若い子と話したいんじゃないですか。女の子と話して、あわよくば、男の人だし、最終的には付き合いたいみたいな。ホテルに行きたいって目的はあると思う。けど、絶対にやらないでどれだけ頑張れるかがパパ活ですね。私は本心ではやらないと決めているけど、相手には、もしかしてやるかもみたいに匂わせはします」

5人の定期パパは、他に何人もパパがいることを知らない。妊娠は服装に気を使ってバレないようにしている。

「何人もいるとは誰も知らないし、あなたしかいない、どちらかといえば好きという態度をだして、向こうがグイグイきたら、こっちは引く。君も僕のことを好きなんだね、じゃあ、お金必要ないよねみたいなことになっちゃう。そうなると厳しいので、そこまで勘違いさせないように調整する。最終的に絶対にホテルに行きたいって人もいるから、それはそこで切ります。これだけ時間かけたのに、これだけお金をあげたのに、全部返せってなる人もいるし、切るタイミングは重要です」

ストーカーになり逮捕された49歳のパパ

常時20人〜30人のパパがいて、さらに一見の男性を掘り起こすための活動に時間をかけて徹底的にパパ活をしている。当然、トラブルになったケースもある。もっとも大きなトラブルは萌香さんに500万円以上を使った49歳の男性で、バツイチの独身。その男性は萌香さんと同じ年齢の娘がいるといっていた。中小企業のサラリーマンで、お金があるスペックではなかった。

「3か月で500万円くらい。私はお金を欲しいって一切いってなくて。貯金があったのかな。オンラインで出会った人。私のことを娘だと思ってるみたいな感じで、毎日のようにご飯に連れて行ってもらった。最初は娘としてっていっていたのが、だんだん変わってきちゃった。1か月後くらいに、娘から付き合いたいに変わったんですね」

男性は買い物に行こうと、萌香さんを誘った。週2回と頻繁に会って、新宿伊勢丹などに行く。そして、ハイブランドの数万円のTシャツなどをパッと買ってくれる。

「友だちに話すと、ちょっとこわくない？　って。引っ張るだけ引っ張って、早めに切ったほうがいいって。確かにって。ある日、その人から『80万円をとりあえず振り込んでいい？』っていわれて、なんのお金って聞いたら、『今後も会うから、都度で渡すのも面倒だからまとめて渡す』って。まあ、そんないい条件は頷くじゃないですか。別になにも請求してないのに、また翌月も同じ金額を振り込んでくれた」

あまり会ってないのにお金をもらえてラッキーと思っていたが、3か月目に男性から真剣なプロポーズをされた。

「いきなり『僕たち、いつ結婚する？』っていわれました。相手は私と結婚前提に付き合っていると思い込んでいて。結婚する奥さんにお金を渡すのはあたりまえだって。そうきたか、って思った」

49歳男性は両親に結婚することを報告して、予約しようと思っている式場も決めていた。

「豹変です。最終的にストーカーになって、相手がたぶん探偵に依頼して家と職場が特定されて、いたずらみたいなことをされるようになって、警察に相談しました。ポストに今日あなたに会いに行きますってメッセージがはいっていて、警察の人にきてもらった。私と顔を合わせたら声を荒らげてた。狂っている感じで、よくわからないことをずっと喚いていて。それで暴れて逮捕されちゃいました」

３か月で５００万円以上を貢いで、最後は逮捕されてしまった。目の前で警官に取り押さえられた49歳男性は、哀れでかわいそうだったが、その悲惨な結果が自分の責任だとは思わなかった。

「最初にパパ活したとき、お金をどんどんとっちゃって相手がかわいそうだなとか、同情もあったけど、よくよく考えてみれば自己責任じゃないですか。私が40歳とか50歳のババアで若い男の子と会いたいってなったら、男の子にとってはお金以外にメリットはないでしょ。だから若い子と話したいんだったら、お金あげるべきだし、お金をあげたくないならパパ活をしなきゃいいだけ。だから、かわいそうと思わなくなりました。このおじさんも人間なのにな、みたいな。お金だけとられて、付き合いたいとか夢見て、本当に悲惨みたいな」

21歳の萌香さんにとって、かかわってもまったくメリットがないおじさんというレッテルをはる年齢の境界は35歳だという。35歳以上の男性とは人間関係を築いたり、セックスしたりすることはない。だから35歳以上の男性と食事したり、会話したりする場合は絶対にお金をもらう。仕事という感覚になる。

娘のパパ活収入に家族全員が頼るように

「しかし、パパ活で儲かりすぎました……」

しみじみといいだす。家賃なしで給与と別に毎月50万円以上がはいってくる。洋服は買ってもらえるし、食費はおじさんと会うのでかからない。どんどん貯金が増えた。

「お金が余っちゃったので、両親に美容学校でかかったお金300万円を返した。そのとき両親にパパ活しているって話して、ご飯だけでお金を引っ張っているって。そうしたら、両親もおばあちゃんもそれは才能だよ、いいねって。すごい喜んで盛りあがりました。家族はリスクは高いけど、もっと頑張りなさいみたいな感じでした。結局、家族はパパ活を応援するようになって、いまは弟の大学の学費も私が払ってます」

常時５人いる萌香さんの定期パパは、家賃を払って、せっせと食事だけで1万円～２万円の援助をし、結婚を夢見た49歳の男性は５００万円以上を貢いだ。その５００万円は世帯収入が高くない家族に流れ、いま弟は萌香さんのパパ活のお金で大学に通っている。

出稼ぎの娘にたかるフィリピンみたいな状況になっていた。80年代、家族のためにフィリピン人女性たちが来日し、フィリピンクラブやショーパブで稼いでは故郷の家族に仕送りした。萌香さんもまた、世帯収入が低い家族のために、上層男性やモテない男性からパパ活でもらったお金を使っている。

「パパ活はおかしいですね。おじさんがおかしい。私だったら、絶対に叶わない夢を見て、お金をとられ続けるおじさんみたいな人生は絶対に嫌です」

茶飯女子で一財産を築いた萌香さんは、本当に哀れという感情を込めてそういった。

第四章 パパ活サイトの女性会員は31パーセントが「女子学生」

戦後の戦争未亡人のような女子大生

シングルマザーに次いで、深刻な経済的苦境に陥りやすいのが学生だ。特に自宅外通学の大学生は、大変厳しい。彼ら彼女らの貧しさはパパ活市場に大きな影響を及ぼしている。

大手パパ活サイト「Sugar Daddy」は登録会員のデータを公表している。女性会員の職業は、学生が31パーセントと圧倒的。この十数年、大学キャンパスは貧困の巣窟であり、入学難易度に関係なく、ガールズバーやキャバクラ勤務の夜職、風俗嬢、パパ活女子が激増している。前章で一流私大在学中の美人女子大生が中年男性に強気でたかる姿を紹介したが、いまの女子大生たちと、戦争直後に戦争未亡人による売春が横行した過去の史実は、どうしても重なる。新宿や上野がおもな舞台であることも同じだ。

国の経済成長が止まり、衰退してもいいことはなにもない。男性の貧困は犯罪、女性の貧困は売春に直結する。国が起こした無謀な戦争によって一家の大黒柱を失った未亡人は、唯一もっている女を武器にして性をアメリカ兵に売り、新自由主義路線を進む国の受益者負担の方針によって、経済的弱者に固定された令和の女子大生たちは、強者のおじさんに性を売っている。

親や親戚だけでなく、都道府県や自治体が長い時間を費やして大切に育んだ女子生徒が、大学生になった途端にホステスや風俗嬢、売春婦、パパ活女子になる。性格、偏差値、金銭感覚、恋愛観など、個人の特性は一切関係なく、その最終手段を選択しているのだ。仮に文部科学省が、現役女子大生に夜職や売春的な行為、パパ活経験者の実態調査をし、現実に即した正しい回答を得ることができれば、信じられない結果となるはずだ。

なぜ学生たちが貧しいのか。恵まれた環境で生きた中高年や高齢者には、まったく現状を理解していない人が多い。簡潔に理由を挙げていこう。

学生が貧しい理由① 学費高騰

学生が貧しい理由② 親世帯の収入減

学生が貧しい理由③ 出席の厳格化

学生が貧しい理由④ アルバイトの報酬減（学習塾など）

学生が貧しい理由⑤ 消費増税

学生が貧しい理由⑥　受益者負担、親の学費負担放棄

学生が貧しい理由⑦　コロナの影響でアルバイトができない

大学や専門学校で勉強をする若者たちは、経済的に苦境に陥る要因がこれだけ重なっている。中高年や高齢者が学生だった頃と比べると、なにもかもが違うのだ。自分たちの利益の皺寄せが若者に行き、孫や娘を夜職や売春、パパ活女子に向かわせてしまっている。公表されているデータだけでも、若者たちの厳しさは読みとれる。

令和元年の民間給与実態統計調査では、給与所得者の平均年収が４３６万円、国民生活基礎調査では全世帯の所得平均値は５５２万３０００円。さらに家計の金融行動に関する世論調査によると、40代の平均貯蓄額は６９４万円、中央値が３６５万円となっている。そのなかで、私立大学は初年度納入金１２０万円〜１５０万円、年間学費80万円〜１１０万円の支払いを求める。そんなお金は払えない、または払いたくないという状態だ。

結果として未成年の学生本人が負債を背負う奨学金が流行し、日本学生支援機構の大学奨学金の受給率は大学で47・５パーセント、短期大学で55・２パーセント（平成30年度、日本学生支援機構調べ）と全学生の約半数となっている。家庭に高額な学費の納入が迫られる一方、

親世代にはリストラの嵐が吹き荒れている。来年はどうなるかわからない不安定な状況で、いまは収入があっても子どもの学費を負担したくないという親が増えているのだ。

東京私大教連が毎年自宅外通学者への仕送り額の調査をしている。２０２０年は月８万２４００円と過去最低を更新し、仕送り額から家賃を除いた一日あたりの生活費は６０７円となった。ちなみに親世代が大学生だった１９９０年は、一日あたりの生活費は２４６０円である。30年前の75パーセント減という衝撃的な数字となっている。女子学生たちは若さや女性性を換金しないと学生生活を送ることができなくなっているのだ。

パパ活という「自助」

女子学生たちが続々と参入するパパ活は、お父さんが娘の世代に恋愛を求めて肉体関係となったらお手当をあげる、という市場だ。一歩引いて少しマクロな視点で眺めると、日本はものすごく異常なことになっている。

日本は娘や孫に売春やパパ活をさせる、これは普通ではない事態だ。そして祖父世代はブルセラ少女を買い漁り、父親世代はパパ活女子とセックスを含めた交際をして喜んでいる。どうしてこんなことが起こるのか考えると、国民に指針を与える国が、娘や孫の売春やパパ活を推奨している可能性に思い当たる。売春は違法なので望ましくないが、富の再分配がされるパパ活はポジティブに考えているとしか思えないのだ。

２０２０年９月16日に自由民主党の菅義偉氏が「自助・共助・公助、そして絆」と国民へのメッセージを掲げた。そして、第99代内閣総理大臣に指名された。メッセージの内容は、まず自分でやり、できなかったら家族や地域が助け合って支えよう。本当の最後の最後にできなかったら、国がセーフティネットで守るという社会像だ。このまず自分でやる「自助」が具体的な現象となったのがパパ活だ。

多くの若者たちは高額な学費によって、売春やパパ活をせざるをえない状況に追い込まれている。学費が高騰した理由は、そもそも国が高等教育の公財政支援を減らしたからだ。公財政支援を減らした代わりに本人や家庭が負担することになった。収入が下がるなかで学費がどんどん上昇し、親は負担しきれなくなり、多くの若者たちは国が勧める大学奨学金の借金を背負った。そして、女子学生たちは最終手段として望まない夜職や売春、パパ活をせざるをえなくなっている。

女子学生たちは勉強するために、国が遠まわしに推奨する自助（パパ活）を頑張っている。本当は将来の結婚相手と楽しい恋愛をしたいが、欲望に飢えた中年男性の恋愛対象となり、望まない性的関係を結ぶ。男性優位社会で優遇される中年男性の恋人や愛人、セックスフレンドになれば、勉強する権利を与えてあげよう――どうも、そんなことになっているのだ。

父親が亡くなり学費が払えなくなったパパ活女子

パパ活サイトを通じて、「職業・学生」とあるパパ活女子たちにアポイントをとった。

鈴木綾乃さん（仮名、21歳）はＧＭＡＲＣＨ（学習院、明治、青山学院、立教、中央、法政大学の俗称）に在学する３年生。九州地方出身で大学近くにある家賃７万円の部屋でひとり暮らしをしている。１年前に経済的に支えてくれていた父親が亡くなって、実家は混乱状態だという。

「学費を払ってた父親が……去年の春に亡くなっちゃって。父の遺産から払っていたけど、家族が多いので私ばかりが使うわけにいかない。だから、どうしようって感じです。私は４人兄妹の２番目で、一番下が中学生なので、まだまだお金がかかる。もう３年生なので退学するって選択肢はなくて、苦し紛れにパパ活しているみたいな感じです」

父親からは家賃７万円、仕送り６万円をもらっていた。２年の春に父親が亡くなって、長時間働けるカラオケ店で、みっちりとアルバイトをすることにした。２年時、３年前期の学費は父親の遺産から払って、７万円の家賃は医療関係の仕事をしている母親が仕送りしてくれている。

「生活はできるけど、でも学費って年間１００万円とかじゃないですか。さすがにバイトで払えないので、給付の奨学金が欲しいって大学に相談したんです。でも、父が亡くなってるとはいえ離婚してないし、母親の収入があるから全然条件に該当しなくて。母親に申し込んでもらっているけど、貸与型の奨学金も借りれるか微妙のようです。貯金30万円くらいあるけど、学費にするには全然足りないです」

給付奨学金は家計基準などの条件が厳しく、貧困に近い家庭でないと該当しない。貸与奨学金も親の年収の上限額があり、簡単には借りられない。親の収入だけでなく、資産の報告など、手続きが複雑で親の全面協力がないと申し込みすら困難なのだ。すべての親が子どものために協力するわけではなく、ヒドイ家庭になると、親が子どもの奨学金を使い込んだり、ピンハネしたりする。親の奨学金着服が理由で、在学中や卒業後に風俗で働く女性も珍しくない。

いまの大学生は資金繰りに追われる中小企業の経営者と同じ境遇であり、悩みなく学生生活を謳歌しているほうが少数派だ。

「お母さんは看護師なんだけど、これ以上、負担するのは難しいって。私もカラオケボックスで朝から晩まで、夜勤もしたりで働きづめだったけど、コロナでそのバイトもできなくなっちゃいました。もうパニックになって友だちに相談したら、パパ活やれば？っていわれたのがキッカケです」

それまでわからなかったが、大学でパパ活をやっている女の子はたくさんいた。学部のクラスにも、ゼミにも、サークルにもいた。オンラインでパパを探す方法を教えてもらって、綾乃さんはそのままパパ活女子になっている。

「うちの大学ってすごく金持ちみたいなイメージがあるけど、全然そんなことなくて、けっこうみんな学費をどうしようって困っているんです。友だちに相談したら、同じ悩みがあるからすごく話が早くて、解決策はパパ活しかないっていわれました。パパ活をはじめたのは2年の12月から。おじさんとご飯食べるだけで、本当に1万円とか2万円をもらえてビックリしました」

パパ活で知り合う男性は40代後半が中心、上は60代。男性の職業は有名企業のサラリーマン、飲食店経営、中小企業の社長などで、待ち合わせ場所に行って一緒にご飯を食べるだけだった。

「関係の進展なしに3回普通にご飯だけ食べたら飽きられるって、友だちからいわれました。それはそうかもって考えたけど、進展させるのは難しいです。そういう気が起こらないというか」

パパ活をはじめに勧めてきたサークルの友だちは、男性を厳選しながら大人の関係をしている。ゼミの友だちは恋愛するフリして、食事デートだけを繰り返していた。綾乃さんは一緒にご飯を食べて、ごちそうさまでしたと挨拶して帰ってきているだけ。なにも考えていなかった。大学で友だちに会うと、パパ活の報告をする。みんな口を揃えて「それじゃあ、長く続かないよ。お金にもならないよ」という。

「パパ活で肉体関係になるって想像したけど、無理です。どうしてもできないと思って、それはしてません。やっぱり、元々カッコいい人が好きだし、細い人が好きなので、おじさんは無理です。おじさんはプロフィールには清潔です、とか書いているけど、ほとんどちょっと小太りで清潔感は感じられない。服が汚いとか、ダサすぎるとか、肌も汚いし」

綾乃さんは食事のとき、男性の話をおもしろがって聞いている。食事はそれなりに盛りあがる。食事デートを繰り返していれば、関係を進展させようと誘ってくる男性も現れる。肉体関係の誘いは丁重に断っている。「いまのところ、嫌な雰囲気になったことはないです」という。

「話が普通におもしろい人もたくさんいて、なので、ご飯食べるのは全然苦じゃない。肌汚いなとか、ちょっと不潔だなとか思いながら食べてます。おじさんの話がおもしろかったことはたくさんで、たとえば飲食経営してる人がフランスに10年間留学して、フランス映画の日本版を翻訳したとか。皇族の誰かと同級生で、皇族の裏話とか。自分の会った女の子の話とか。話は、おもしろいです」

肉体関係は、食事中か、終わって店からでたときに誘われる。「もうちょっと仲良くなってからにしたいです」と先延ばしにしたりしてかわし、ホテルには行かないようにしている。

「大人って言葉は、エッチするって意味みたいで、大人しようっていわれます。でも、ここで私がうーんとか渋い顔をしたり、それは考えてないです、とか返しちゃったら、関係は終わっちゃうじゃないですか。だからもっと親しくなったらとか、次の次くらいにはとか、引っ張れるところまで引っ張って、穏便に断っています。もうダメだってなったら切れるように準備しています。男性はだいたい40代後半の人で、ほとんどの人は肉体関係を誘ってきます」

最後に男性は、どうして綾乃さんに会いたがるのか、パパ活をすると思うか聞いてみた。

「みんな結婚してるんですよ。だから普通に若い人としゃべりたいのかなって。若い人と一緒にいたいか、若い人とエッチしたいとか。しゃべるだけに価値があるのかわからないけど、普通に楽しそうにしているし、まあいいかって。家庭があっても奥さんと仲が悪くて、お金を払ってもしゃべれる場が欲しいとか、わからないです。でも、おじさんってお金があるんだなと思って見ています」

パパ活をしても食事だけ、関係を進めることはできない。収入はせいぜい月5万円〜7万円程度でアルバイトの補塡もできないくらいの金額だ。半期に50万円がかかる学費の問題はまだ解決していないが、大人をするのは「無理だと思う」といっている。

社会的地位のある男性から学びたい意識高い系パパ活女子

本間愛美さん（仮名、22歳）は、中堅私立女子大4年生だ。就職は決まっているが希望していない職種と会社で、来年のことを考えると憂鬱になるらしい。愛美さんはどこにでもいる就活生という風貌で、良くも悪くも特徴がない。ただ、意識高い系であることはすぐにわかった。

――パパを探しているの？

「そうです。お金が欲しいから。学費とか将来の貯金とかすごい将来に不安がある。そのときのためにお金があったほうが気持ち的に楽といいますか」

――具体的に、なにが不安？

「大学もそんなに頭いいところでもないのに、やりたくない会社に入って、ずっとやりたくない仕事をするのが嫌なんです。だからパパ活で成功している人たちと接して、いままで知らなかったことも知れる。年上男性から知識とか経験とかを得ながら、お金を集められたらいいなって」

——お金をもらって、さらに人生の先輩から勉強もしたいと。

「そうです。私は仕事の利害関係者ではないので、みんなペラペラしゃべってくれます」

年上の成功している経営者と接して、自分も成長しようという考え方だ。パパ活に意識高い系の「自分の成長」という意識を持ち込んでモチベーションを上げていた。お金だけでなく、成功者と会うことを目的にしているので、プロフィールを熟読して「経営者」など、社会的地位が高そうな人を選んで自分からアプローチしている。

——やりたくない仕事ってどういうことをやりたくないの？

「やりたいことが明確じゃないけど、たとえば朝から夜までずっと営業とかテレアポしてるのとかは嫌だな、という感じです。一応就職先は決まっているけど、研修でテレアポをずっと朝から晩までするっていう状態で、それをやりたくない」

――どうしてやりたくないのに、その会社を選んだの？

「やりたいことが漠然としてたし、いろんな会社受けて受かった会社がそこだったから。絶対そこに行きたくて受けたわけでもないです」

――やりたいことがないと、しんどいよね。

「しんどいです。好きな仕事だったら別にしんどくないけど、好きじゃない仕事をずっとしているのがしんどいといいますか……はい。自分は別に頭いい大学でもないし、目立った経験がなくて、このまま凡人で終わるのが嫌だといいますか。凡人が嫌です。お金を稼いでいる女性は憧れです。バリキャリといいますか、最近いろいろ投資とかで稼いでいる女の人いるし」

——意識高いんだね。

「親も会社員なのでそういう話をしたとしても〝え、なんで会社員じゃダメなの？〟みたいな話になって。お父さんの時代と違って、会社員でも生活厳しい人もたくさんいるっていう話をすると、女の子だったら会社でＯＬとかでいいんじゃない？　とかいう。私は嫌なのって」

——親といまの愛美さんの意識がズレている？

「毎日ケンカしてて就職活動のときも。最終的には女の子だから、別に挑戦とかしなくていいんじゃない？　という考えでした。親は事務とかでいいんじゃない、みたいな。事務はＡＩにとられるし、誰でもできるし」

愛美さんはやりたいことがないのに、成功したいという意識だけが高かった。地に足がついていない。「能力がないのだから高望みするな」という親の意見は正しいが、本人は強く反発しているようだ。父親は中小企業のサラリーマンで、母親はクリーニング店でパートをしている。世帯収入は平均もしくは、平均より低いくらいか。彼女は第二種奨学金を月10万円借りて進学している。

――親は学費をだしてくれなかったの？

「全額は無理って。そもそも奨学金の額とか返済とか利子とかあんまり知らなかった。みんな借りてるし、借りるよみたいな感じ。大学の説明会で奨学金の話を聞いて、こんなに利子って増えて返済額も１００万円くらい多くなるんだって知って。永遠じゃないけど20年間くらい毎月２万１０００円を払わなきゃいけない。初任給20万で手取り15万円だと無理だなと思った」

学費はすべて奨学金でまかなって、生活費はアルバイトで稼いだ。時給１０５０円の飲食店で働き、収入は月10万円くらいだった。

成功したい、起業したいと思いはじめたのは大学3年のとき。大学生向けの起業セミナーに参加すると、ネットワークビジネスに誘われた。みんなキラキラしていたのでメンバーになってしまった。消費者金融に数十万円の借金をつくってしまった。その返済のために1年前からパパ活に手をだしている。

「お金がないんです。お金の結果をすぐだしやすいのはパパ活かなって思いました」

大学3年の春休みにパパ活をはじめた。ぼんやりとバリキャリや起業に憧れつつ、お金だけでなく、自分の将来の成功のためのパパ活という意識もあった。プロフィールには「起業を考えていて、会っていろいろお話ししたいと思っています！」と書いている。

彼女が思い描いていたのは会社経営している優秀なビジネスマンのパパに気にいられ、女という立場で成功者と接することで特別扱いを受け、そうしているうちに自分の生きる道が見つかり、実現の指導を受け、さらに金銭的にも大きな額を援助してもらう、というようなことだった。だが、そんな都合がいい話はない。

――飲食店のバイトとパパ活、ダブルインカムしたんだね。

「そうですね。就活もあったので、インターンとか土日に入っちゃうからバイトができなかった。いろいろ効率よく稼ぎたいしなと思って。私、頭がお花畑だったので男性と普通にお茶して食事してお金もらえるの？　って思っていた。けど、そうじゃなかった」

――意識はどう変わっていったのかな。

「最初はお茶して1時間1万円もらえた。え、すごいと思った。でも、ツイッターとかでパパ活ってみんなどうやってやってるんだろうな？　と思って調べたらみんな月100万円稼いでいるとか、一歩先のこととかをやっていた。パパも立場がある方を捕まえていて、気持ち悪いおじさんとかじゃなかった。パパ活してなにか男性としていいなと思う方もたくさんいたので」

――どれくらいのペースで会うの？

「定期の人は週1ですね。就活が終わってから、暇だったから週3ぐらいで会ったりもしました。パパ活はみっちりやっているので、常時5人くらいの男性と連絡をとって、定期の方は1人〜2人くらい。相手はみんな経営者。経営者だと時間が都合つきやすいので、学生ってお昼でも時間空いてるからお昼に会ったり」

——顔合わせで、どうしてパパ活してるの？　と聞かれて、どんな返答するの。

「最初はお金が欲しいとか率直にいっていたけど、成功した方と話したくて、自分がなにをやりたいのかわからないけど、いまモヤモヤしてる、みたいなことをいうと、みんなすごく話を聞いてくれます」

——なにかしらアドバイスされるよね。

「一度社会にでろ、という話をされます。経営者の方って大卒の方が多いけど、中卒の方とかもいて、会社員やらなくても起業はやろうと思えば誰でもできる、みたいな感じの話も聞きました」

愛美さんは定期の男性はもちろん、単発でも大人ありのパパ活をしていた。ネットワークビジネスの次は、セックスである。経営者の男性たちは、食事のときに意識が高い愛美さんの質問に答えて、その後ホテルでセックスをしている。

——最初は食事だけでお金くれると思っていた、けど、なにが違ったの？

「最初はお茶だけでも、2度目から〝5時間くらい空けてほしい〟といわれて。大人デートっていわれてホテル行ったりみたいな……」

——定期的に会っている人は、みんな肉体関係？

「はい」

――いくらくらいもらえるの？

「私は5万円でお願いします。いまの方々は毎回5万円くれます。でも、いつ切れるかわからないので」

――長続きしないの？

「しないです。最長でも3か月でフラれます。3か月なので、エッチは十何回かですね。理由はわからないけど、私がちょっとポンコツすぎて。他の人とも会っていることがバレちゃって、名前を間違えるとか」

――男性は付き合っているつもりなんだ？

「わからないけど、男の人って裏切られると悲しいんじゃないですかね」

――あなたにだけ会っている、という設定なんだね。

「相手にそうしてっていわれたので」

――でも、常時５人もいるんだよね。週１でも、毎日セックスになっちゃうね。

「そうですね、そうなっちゃいます。相手の方々のことはそれなりに好きではあるけど、彼氏とは違います。最初は外見とかおじさんは嫌だなって思ったけど、話していくうちに馬が合うというか。好きになることもありました」

――それに新規も探していると、もう毎日だね。

「１月はすごい頑張りました。ＳＮＳを見ると１００万円とか稼いでいる女の子もいて、すごいなって。私もやらなきゃって。それで、90万円稼ぎました。週５です。新規は面倒くさいけど、ご飯食べに行くだけだったらいいやって、一日に5人会ったり。実は今日もこれから2人会うし、忙しいです」

肉体だけを売りにすると飽きられる

大学生世代のパパ活女子の間では、肉体だけを売りにして週5日のフルで大人をする女子を「膣土方」と呼んだりする。売春的な行為をしていることへの蔑称であったり、当事者が自分を卑下するときにも使われる。膣土方はセックスで稼ぐ肉体労働者という意味で、素人女性を求めているパパ活男性からは、茶飯女子のように嫌われることはないが、特別に好かれることもない。

バリキャリの成功者になりたいのに100万円のパパ活女子に影響されて膣土方行為に邁進する彼女の単純さは、経営者の男性たちにはすぐに見抜かれる。ほとんどの男性がお金を払って若い肉体を楽しんでいるだけだろう。

だから男性は数回で飽きる。愛美さんが男性のことを好きになっても、フラれてしまう。運よく好きな経営者の定期になれても、大金を稼ぐ欲も捨てられずに、その男性と向き合うことなく、手当たり次第にカラダを売ってしまった。それがよくなかった。

厳選して成功している経営者に会っているとすると、彼女を買う男性たちはお金やサービスには厳しい人たちだ。愛美さんの中身のなさは、話をすれば、すぐに気づかれる。中身のなさを若い肉体でカバーできた瞬間もあったが、それだけでは関係を継続することはできなかった。パパ活は難しいのだ。

成功者を含むパパ活男性のニーズは「素人の若い女の子と恋愛、または疑似恋愛がしたい」こと。愛美さんは週5日、欲にかられて毎日ガツガツと大人を含むパパ活をしている。もう玄人だ。自分で自分の価値を捨ててしまったことになる。

いま17時半、これから新宿で新規の顔合わせ2人と約束している。43歳の会社経営者、49歳の自営業者らしい。先月稼いだ90万円でネットワークビジネスでつくった借金は完済した。高い意識をもって大学4年間を過ごしたが、ネットワークビジネスでもパパ活でも望んだ結果をだせなかった。夢を見てつくった借金を、膣土方をして返済した4年間だったのではないか。

ソープ嬢とAV女優を掛け持ちする音大生パパ活女子

「パパ活、はじめて3か月くらいです」

酒井亜弓さん（仮名、25歳）は、都内の芸術系大学3年生だ。学費を貯めるために3年間社会人を経験したので、いまは25歳である。

夏休みなので朝から晩までパパ活しているようで、一日のすべてのパパ活スケジュールをこなした後の21時に待ち合わせた。山陰地方出身、東京の下町で家賃8万円の部屋でひとり暮らししている。

「夏休みなのでとにかく動いているけど、パパ活のペースはまちまち。たぶん男性のお給料のタイミングだと思うのですが、男性からのメッセージが殺到する時期と、全然捕まらない時期があります。いまは夏休みなので週5日か6日、毎日ずっとパパ活をやっています」

品のある女性だ。女優の高畑充希に似てなくもない。受け答えから育ちのよさが伝わる。パパ活サイトで気にいった異性にメッセージを送り、条件が合えば顔合わせする。淑やかさが伝わる写真を掲載していて、男性からメッセージはたくさんくる。危なそうな男性以外には返信し、顔合わせ＆食事を繰り返している。

「顔合わせは０・５（５０００円）か１（１万円）です。たまに０・３を提示してくる方がいるけど、それはよほど暇だったらって感じ。お食事は相場通り１万円をもらっています。大学に行きながらのパパ活なので、授業がある時期は時間が限られます。値段が高い人から優先的にスケジュールを埋めるので、顔合わせ３０００円って人をわざわざ組み込む余裕がないんです。学校があるときでも、土日とかお休みの日は一日中やります。今日もそうでしたけど、顔合わせと食事で一日５人とか」

今日の売り上げは顔合わせ５０００円×２名、顔合わせ１万円×１名、食事１万円×２名で４万円だった。３年の夏休みは、そんなパパ活をひたすら続けている。

「実はソープ嬢とＡＶ女優もしていて、いまは夏休みなので毎日昼間はパパ活、夜は吉原に出勤です。パパ活をはじめたのは、コロナで撮影がゼロになって、ソープのお客さんが減ったから。時間と体力的に大変だけど、お金がかかる大学生をしているのでやるしかなくて。大学のために上京してから、ずっとセックス、セックス、セックスみたいな感じなので、パパ活は食事メインにしています。基本的にいいなと思った人しか大人は受けません。そういうスタンスですね」

そんなことをいいだした。音大生をしながらソープ嬢、ＡＶ女優、パパ活女子のトリプルワークだという。

「進学が決まった２月に、東京での学生生活は、もうそうなるだろうなってわかっていました。貯金はあったけど、普通のアルバイトで学費と生活費を稼ぐのは不可能なので。入学式の前から高収入系の仕事をいろいろ調べて、風俗にも詳しくなりました。キャバクラは学校との両立は難しくて、デリヘルでは必要な額を稼げないだろうと判断したので、最初から吉原に行きました。70分３万円の店で、バックは１本１万６０００円くらい。週４日出勤して、一日２本つけば必要なお金は稼げる計算でした」

亜弓さんはシングル家庭育ちだった。どうしてもプロ演奏家になりたい夢があり、高卒で働いて300万円を貯めてから音大に進学することにした。高校を卒業して非正規OLになった。収入は月19万円くらい。毎月10万円を貯めることを目標にして300万円を貯めるのに3年かかった。

上京前は2年間付き合った恋人がいた。2歳年上の社会人でプロポーズもされたが、ひとりで上京して大学生になった。

「母親が大学の費用を払うのは絶対に不可能です。本当にギリギリの生活なので東京までの交通費もだせないと思います。大学に行くって決めたのは自分だから、上京してすぐに吉原のソープ嬢になって、AV女優になったのは1年生の冬です。ソープ嬢になってからずっと知らない男性とエッチばかりですけど、覚悟していたし、あまりなんとも思いませんでした」

進学費用を貯金するために3年間非正規OLとして働き、大学4年間自らを知らない男性に捧げ続けて、7年もの月日をかけてやっと大卒資格を手にすることになる。親からの援助や協力がない地方出身の学生は、そこまでしないと学生生活を送ることができない現実があるのだ。

住んでいるのは家賃８万円の部屋、オートロックで２階以上だとどうしてもそれくらいになる。学費は年間１５０万円で、合わせるとこれだけで年間２５０万円がかかる。それに食費、光熱費といった生活費も合わせると、月30万円～40万円は必要になる。その金額を学生をしながらアルバイトで稼ぐのは不可能なので、カラダを売るという選択肢しかなくなる。

「奨学金は返済義務があるし、音楽は稼げる仕事じゃないし、借金するんじゃなくて稼げるときに稼ぐという考えです。だから奨学金は借りてません。東京にくる前から、頭のなかはお金ばかりでした。しばらくしてソープランドで働いているだけでは不安になってきて、他にもお金になることないかなって調べたんです。それでＡＶ女優もやることにしました。デジタルタトゥーは残るけど、ＡＶ女優って肩書きがついたほうがその先も稼げるかなって思ったから」

高校時代は真面目な吹奏楽部員だった。初めて彼氏ができたのは社会人１年目で、上京前の経験人数は２人だけ。覚悟を決めてソープ嬢になって、東京にきてからは毎日大学で授業か、ソープランドでセックスという日常となった。大学生になってからは恋人はつくっていない。悲しませてしまうし、邪魔になる。

月に60万円くらいを稼いでも、学費と生活費でなくなってしまう。お金が余らないことが不安になって、ＡＶ女優もすることにした。

ＡＶ業界は斜陽産業である。ＡＶ女優がお金になったのはずっと昔の話で、２０１６年にＡＶ出演強要問題を起こして、業界は風前の灯である。ＤＶＤは売れなくなり、無料動画が膨大に出回るなかで有料配信にも限界がある。誰が搾取しているわけでもないのに儲からない。利益が少ないので当然、裸になるＡＶ女優にも還元されない。

「ＡＶ女優は今年が３年目。出演料はそんな高くなくて１本10万円くらい。デビュー作だけ40万円もらいました。企画単体になるのかな。ＡＶ女優は月２本くらいしか撮影がないので、ソープランドは辞められないです。兼業しないと生活できない。本当にエッチばかりですけど、慣れるとできますよ」

母子家庭の平均所得は年間２４３万円、その音楽大学は初年度納入金が１８０万円で年間学費が１５０万円。いまは母子家庭は当然、平均的な一般家庭でもとても払えない金額を、大学生本人か親が負担しなければならない。

どこの大学も女子学生はキャバ嬢、風俗嬢、パパ活女子だらけなことはすでに述べたが、その具体的な状況は、地方出身でひとり暮らししながら学生生活を送る亜弓さんを見ればわかるだろうか。大学生になってから彼女がしているのは江戸から続く吉原で男性客たちに本番サービスを売り、それからＡＶ撮影現場で撮影された本番映像がバラ撒かれ、そこまでして、やっと大学に通えるという現実なのだ。

そんなセックス漬けの学生生活を送っていたが、コロナによってそれも怪しくなった。母親は一切の援助ができないので、稼げなくなったら大学は除籍になる。

「コロナで撮影がなくなって、吉原もお客さんが激減しちゃいました。特に高齢者と中国人のお客さんがこなくなって、月30万円～40万円くらいしか稼げなくなって。ＡＶ女優で仕事があるのは有名な女の子だけ。コロナの影響がでたのは2月だったので、学費の納入も近かった。もう、どうしようってなりました。もう直にお客さんを見つけるしかないじゃないですか。だからパパ活です」

お客が激減した吉原で待機している間にパパ活サイトに登録した。もっているお金をすべてかき集めて、3年前期の学費納入はなんとか切り抜けた。でも、まったくお金がなくなった。

「そのときは、食費とかだいぶ削らないとやっていけないくらいの感じでした。いよいよ苦しくなってきたので、パパ活サイトに登録したら、いろんな男性からメッセージがきた。できるだけ食事だけで引っ張るって感じでやっています」

顔合わせ5000円〜1万円、食事1万円とおおよその金額を決めて、メッセージがきた男性に会いまくった。夏休み中は朝10時、11時半、13時、14時半、16時と90分刻みでどんどんアポイントをいれる。そして何人かのパパ活男性と会ってから、19時に吉原に出勤する。家に帰ってくるのは深夜1時を越える。ヘトヘトである。

「いまは昼間にパパに会って、夜は吉原って感じ。学校があるときは17時にパパ活でひとりだけ会って、19時から出勤とか。そういう生活です。パパ活では大人したら5万円もらっています。パパ活では基本的にエッチしないつもりで、茶飯のつもりでやっているんですけど、大人をする場合は相手を選んでいます。この人ならいいかなと思ったらやります。一番は見た目ですね。少しでも好きだなと思える相手だったらリフレッシュにもなるし、お金にもなるし。素敵おじさんとなら、まあいいかなって」

顔合わせと食事で一日何人もと会っても、大人がなければ稼げるのはせいぜい2万円〜3万円程度だ。顔合わせ、茶飯は人を選ばずに会っているので、デブ、ハゲはあたりまえで、横暴にセックスを誘ってくる人もいる。お金がないときでも、パパ活ではやりたくない相手はやんわりと断っている。ちなみに大人の関係になるのは、清潔感あるダンディでコミュ力がある男性だという。

「私みたいなのは、いまは大学生として普通だと思います。決して特別じゃないです。たまに家庭のバックアップがある恵まれている子もいます。けど、私みたいなほうが多いんじゃないかな」

お盆と正月には実家に帰る。先日、パパ活漬けだった夏休みの合間に実家に戻っている。母親は東京でどんな仕事をしているのか、学生生活はどうなのか、一切聞いてこない。

「私がなにをやっているのか、わかっていると思います。でも、なにもいってきません。私はなにも口出しはしないからって」

大学進学は本人の決断で成人もしている。娘にセックス漬けの生活はしてほしくなくても、それをやめさせれば、高額な学費を誰かが払わなければならない。やめてといいたくても、いえない。娘を大切に育てても、自分にお金がなければ、大学生になった瞬間に夜職や売春、パパ活の道を選択してしまう。絶望的な現実があるのだ。

海外のパパ活「シュガーベイビー」も増加中

学費の高騰によって学生が経済的に苦境に陥るのは、日本だけではない。

アメリカ、カナダ、イギリス、オーストラリア、また韓国などでも深刻な問題になっており、それらの国でもパパ活に類似したシュガーベイビーという現象が起こっている。アメリカやカナダでは大学生のシュガーベイビーがマッチングサイトで経済的に余裕がある年上のシュガーダディ、シュガーママを探し、経済的支援をしてもらうという現象が起こっている。シュガーベイビーがシュガーダディ、シュガーママと肉体関係になるかはそれぞれの関係性次第というのも、パパ活とまったく同じだ。

シュガーベイビー現象が起こるアメリカ、カナダは、日本と同じく高等教育への公財政支援は低く抑えられている。私費負担を増加する政策のために学費は高騰し、とても家庭では払いきれないので経済的に豊かな人たちに支援をしてもらう、悪い言い方をすればたかる。パパ活男性と同じく、アメリカやカナダのシュガーダディもシュガーママも若者たちに肉体関係を求めるだろう。緊縮財政をする国に生まれた子どもたちは、お金をもつ中年男性、中年女性に肉体を捧げて大学に通うのだ。

高等教育を支援するつもりのない国の大学生たちが続々と風俗や売春、パパ活に流れている状況を一番よくわかっているのは風俗業界やポルノ業界である。風俗業界もポルノ業界も女性の供給過剰状態なので、大学生たちの性労働、ポルノ出演を望んでいるわけではない。風俗関係者、ポルノ関係者たちの考え方は人それぞれだが、貧しさを強制されている学生たちに頼らなくとも、女性の供給過剰状態なので仕事はできる。せっかく育てた子どもたちを、続々と性労働に走らせている国に対して疑問を抱いている関係者のほうが多数だろう。

２０１５年、カナダに本拠地を置くポルノサイト「Pornhub」は、世界中の学生たちに２万５０００ドル（２８０万円）の奨学金提供を発表している。Pornhubは「授業料の支払いのためにアダルト業界に入る必要はない！」という意見だ。

筆者もこの十数年間で学費支払いのために裸になる風俗嬢、ＡＶ女優、パパ活女子を１００人単位で見てきたが、環境の変化、精神疾患、金銭感覚の麻痺などで人生を潰してしまった女子たちは大勢いる。授業料の支払いのためにアダルト業界に入る必要はないのは当然だが、国が政策として掲げている。多くのケースではそれしか選択肢がないというのが現状だ。

第五章　日本社会からこぼれ落ちる「中年パパ活女子」

若い女性好きの男性の価値観がはびこるパパ活市場

パパ活女子は20代だけではない。女性の貧困、晩婚、低賃金、配偶者による経済的虐待、男尊女卑、コロナなどさまざまなネガティブな要因が重なって、全世代に広がっている。「Sugar Daddy」会員データによると、全女性会員のうち30歳～39歳16パーセント、40歳～49歳4パーセント、50歳～59歳1パーセントで、合計で21パーセントが30歳以上の中年女性となっている。

若いパパ活女子たちは30分の顔合わせで1万円など、おじさん相手に好き放題にやっている。その反面、中年のパパ活女子は大きく苦戦している。自由恋愛であるパパ活市場でも、性風俗やアダルトビデオと同じく逆年功序列制が機能し、女性は若くて経験が少ないほうがいいという評価がされているからだ。

パパ活で鋭角的に表出する若い女性への過大評価は、男性優位社会の日本の特徴だといえる。欧米では女性に対して若いというだけで価値を認めることはなく、成熟や老いも含めて評価するようで、外国人たちには日本のパパ活は非常に特徴的に映るという。

日本では女性の若さへの過大評価という特徴に加えて、女性は他人との接触がなるべく少ないほうがいいという価値観も伝統的に続いている。よく聞く言葉として、「箱入り娘」や「深窓の令嬢」、夫にとってはよい妻で子どもにとっては賢い母である「良妻賢母」などが思い浮かぶ。日本人は未成熟だったり、制約がかけられた女性に対してポジティブなイメージを抱く。それがパパ活男性の大きなニーズとなり、素人女性がいいという価値観に繋がっている。

いまでもオタクや中年童貞の世界では、根強く処女信仰が残っている。オタクや中年童貞が女性に処女性を求めるのは、自分自身にコンプレックスがあって誰かと比べられないためといわれる。日本の男性が女性を評価するポイントは、情報や経験が少なかったり、未成熟だったりするものばかりであり、その偏った特徴を理解している女性でないと、パパ活女子としての成功はないと思われる。

男性のコンプレックスのために、女性が制約をかけられたり、評価が与えられないのは迷惑な話だが、パパ活市場にはその男性の特徴が存分に盛り込まれている。具体的には、女性が成熟する30歳になると大人の関係を拒絶する茶飯は通用しなくなり、35歳になると男性が提示する価格は下がっていく。人生経験が豊富になる40歳になると、男性たちは露骨に買い叩きに走り、20代女性の半額以下にまで評価は下がる。

中年パパ活女子たちの証言

35歳を超えたパパ活女子は、どのような状況なのか。中年パパ活女子たちの証言を伝えていこう。

全体的な傾向として、中年になると社会的地位が低く、収入が低めの男性から上から目線で肉体関係を誘われるようになる。そして、露骨な価格交渉（価値の低下）がされる。社会的地位や収入が高い男性たちが、工夫を凝らして低姿勢で誘ってくる20代女性とは反対の現象が起こってくる。

「男性からどんどん1・5とか2とか、高くても3とかいってくる。だいたい前提として、会ったことない人とセックスする約束なんて無理だって。それがいまの状況です。金額とか条件は相手によるし、条件は会って相手を見てから決めたい。知らない人と売春みたいなことをするなら、最低3以上は欲しい。でも、いきなり1・5で大人どうですかとか、そんなのばかり。会話にならない気持ち悪い男がたくさんです。そんな状況なので、パパ活を遊び半分でやろうって目論見は外れちゃってます。やっぱり友だちの紹介のほうがいいかも」（歯科衛生士、37歳）

勤続15年のベテラン歯科衛生士で、年齢よりかなり若く見える美人女性だった。彼女は彼氏と別れたことから暇になり、休日にできる副業を探していた。同業の友だちの勧めでパパ活に足を踏み入れている。

彼女が想像していたパパ活は、「遊び感覚で魅力的な年上男性とデートして、好きな相手だったら肉体関係にもなって」というものだった。休日に労働をして時給を稼ぐのと男性と遊んで稼ぐのと、どちらのほうが楽しいか天秤にかけてのパパ活という選択だった。しかし、上から目線の売春行為の誘いが続々ときてウンザリといった状態だった。

パパ活女子の一大勢力となっている医療従事者は、勤務時間帯や休日が不定期だ。それに勤務時間中に異性との出会いがない。彼女だけでなく、医療従事者は全般的にプライベートでも同業の同性と遊ぶことが多く、数年前からパパ活の話はそんな友人たちのなかから必ずでるという。コロナ禍で彼氏とうまくいかなくなって別れた。そこで、いつも一緒に遊んでいる看護師の親友からの強い勧めがあってパパ活をはじめている。彼女は売春的な行為は経験もあるし、行為自体に拒絶反応はないが、楽しい人間関係が築けないならばパパ活する意味がないと思っている。求めているような相手は現れそうにないのでパパ活はやめる予定である。

パパ活女子の上限は39歳

41歳のその女性は美人なお母さんという印象だった。子どもは都立高校3年生で大学進学を控えている。2歳年上の夫とは家庭内別居状態で、夫婦関係はうまくいっていない。

「メッセージ交換だけの関係だけど、必要なお金は全部だすから、他の男とやらないでっていってきた男がいた。年齢は46歳だったかな。会ったこともない女を束縛するとか、返事しないとキレるとか。ヤバイ人でした。お金はいますぐに欲しい。必要な額は払ってくれるっていうから話を聞いちゃったけど、ヤバかった。まだ会ってもないのに、ホテルではお風呂にお湯をためてねって指示してきて、なにする、どうするってことを全部先に決めたいみたいな感じで。付き合いきれないので、『当日の流れでよくない？』って返事したら、おまえ男にお湯をためさせるのか！　それは女の仕事だろ！　みたいな言葉が返ってきた。こわくなってブロックしました」（パート、41歳）

夫にお金の相談はできない。半年後に子どもの進学が控えているが、家庭の貯金はゼロ。100万円は超える初年度納入金どころか、数万円の入試費用も払えないという状態で、彼女は慌ててパパ活をはじめていた。援助交際世代であり、パパ活に抵抗感はない。知らない男性と売春的な行為をすることは理解してパパ活をしている。

ただ、いざはじめると非常識で会話ができない中年男性が続々と現れた。あまりの頻度で現れるので、おかしい男性はスルー、ブロックして、常識的なやりとりができるということだけを条件にして、時間を見つけては男性と会っていた。

「ゴムありで2、生中出しで3、そんな感じ。しかも私、子宮頸がんだったから子宮がないの。だから、とってよかったと思って。股間の傷ってめちゃ小さい。男はわからない。だから子宮があるってことにして、中出しすると男は喜ぶ。大丈夫？　妊娠大丈夫？　みたいな。でも、子宮ないから妊娠するわけないじゃないですか。だからラッキーだなって。いまはお金がないから相手は選べない。見た目はクソデブとかハゲでも、やります。あとは会話が弾む人だったらいいかな。容姿より、会話ができない男が面倒くさい」

41歳女性はゴム2、生3という価格で売春的なパパ活をしている。年齢のわりには美人なのとコミュニケーション能力が高いので、値切りに応じることなく、その価格帯で踏みとどまっていた。多くの男性はゴム1、生1・5など、露骨な価格交渉をしてくるという。

風俗店では低価格帯になるほど、男性客の質が落ちるといわれる。パパ活市場でもまったく同じだった。女性の年齢が上がるほど男性の質が下がる傾向があり、パパ活女子は40歳を超えると低階層の男性を相手にすることを覚悟しなければならないようだ。

「いまやってるのは、チャットレディとパパ活。アプリでパパを探しまくってる。本当はエッチで3万円欲しいけど、55歳だから1万５０００円以上は誰も払ってくれない。本当にひとりもいない。あまりにも安いけど、毎月生活保護もらっているし、まあいいかって。だからパパ活とチャットレディ、生活保護のトリプルインカムですね。パパ活は売春だと思っているので役所に収入報告はしてないですよ」（生活保護、55歳）

55歳女性は元銀座の高級ホステスだった。現役時代の最高月収は４５０万円で、ずっと家賃26万円の部屋でひとり暮らしをしていた。生活が苦しくなったのは、43歳で銀座で生きていけなくなったホステス引退後。しばらく男性客たちの愛人をして凌いだが、それも続かなかった。結局、最低賃金のアルバイトを転々として4年前から生活保護を受給している。

現役時代はアフターをするだけで数万円のチップをもらっていた。しかし、パパ活女子となったいまセックスをしても1万5000円以上は誰も払ってくれない。最初は扱いや低評価に愕然としたが、いまは受け入れている。

40代以上のパパ活女子の状況を聞くと、あまりにも男性たちの質が悪い。日本の家賃や生活費、最低賃金などを鑑みると、もはや売春的なパパ活は割に合わず、「楽に稼ぎたい」という女性のニーズは成り立っていないように感じる。

女性のニーズが「楽に稼ぎたい」ことにあるとすると、大人の関係の最低価格は18歳～35歳の女性で3万円、それ以上で2万円は欲しいところだ。パパ活女子は供給過剰状態で、おもに40代以上でその価格を下まわる価格交渉がされている。最低価格以下でパパ活をしようとする男性は悪質といっていいだろう。

40代を超えたパパ活女子は、月に数百万円を稼ぐプロフェッショナルと、低階層の悪質な男性に値切られる一般女性に二極化している。40歳を超えてパパ活女子をするのは特別な能力が必要である。特別な能力とは美容への投資とか卓越したコミュニケーションスキルとか、そういうことだ。

パパ活市場は中年女性に鞭を打つ悪質な男性ばかりとなると、特別な能力のない一般的なパパ活女子の上限年齢は39歳といっていいかもしれない。

夫が一切お金をくれない40歳の専業主婦パパ活女子

パパ活サイトで活動している中年パパ活女子たちに聞き取りをしたが、動機は貧困だ。コロナによってさらに追い打ちがかかっている。

女性の貧困は、コロナ以前ですでに最悪な状態だった。与野党の国会議員を含むあらゆるところから危機的な声が上がるなか、２０１９年10月に強引に消費税が引き上げられた。これからどうなってしまうの？　という不安が渦巻いていたとき、中国・武漢で新型コロナが発生した。

パパ活サイトでメッセージを送った越川希美さん（仮名、40歳）に、「じゃあ豊洲にきてください」と呼びだされた。豊洲は東京の富裕層が集まる地域で、豊洲在住のマダムたちはキャナリーゼと呼ばれる。指定されたカフェに行くと、貧相な後ろ姿の子連れの中年女性がいた。声をかけると、その女性が希美さんだった。子どもは落ち着きがなく、ずっと母親に絡んでいる。雄星くん（仮名、６歳）は、地元の幼稚園の年長さんらしい。

「パパ活って普通にテレビでやっているじゃないですか。だからパパ活がいいかなって。年齢も年齢だから本番しますよ。いくらでも本番する。パパ活って検索するとお薦めサイトみたいなのがあって、とりあえず一番人気のサイトに登録した感じ」

雄星くんは希美さんの膝の上に座っている。子どもの目の前でパパ活の話をしなければならないようだ。希美さんはパパ活、本番という話を普通にして、雄星くんが「本番、本番」と母親の言葉をオウム返しする場面もあった。筆者は大丈夫なのかと心配だったが、希美さん本人はなんとも思っていないようだ。

「20歳くらいのとき、援助交際もしていたので、そういう売春みたいなことは慣れているんですよ。まったく抵抗ない。20歳のときにやっていたのは、普通に本番する援助交際です。若かったので休憩で２万円、泊まりで５万円もらってた」

希美さんは専業主婦で、旦那が家計を握っている。旦那は生活費を渡すのを徹底的に渋るのでお金がまったくないという。現状、銀行口座にある預金も5000円未満、ゼロに等しい状況だった。家庭内の経済的虐待である。

「旦那は私に一切お金をくれない。だから旦那が働いて子どもが幼稚園に行っている間に稼ぎたい。最初はどこか飲食店でアルバイトするつもりだったけど、コロナで店がやってないし、とても働けるような雰囲気に見えない。子どもは来年小学校だから学童に預けて本格的に仕事しようとも思ったけど、でも、コロナの影響でちゃんと働いている人じゃないと預けられなくなっちゃった。だからパパ活しかないんです」

夫の収入は手取り35万円なので、世帯は貧困ではない。しかし、夫は自分のためにお金を使いたいと徹底している。そして、妻と子どもは貧困状態に陥っている。格安の都営団地暮らしで、お小遣いをくれる実家が近くにあるのでなんとかなっているが、それももう限界という状況のようだ。コロナによって夫の財布のひもはさらに固くなり、学童に子どもを預けることも、空き時間にアルバイトをすることもできる状況ではないという。

　希美さんはパパ活をはじめて、まだ1週間だった。

「はじめたばかりなので、メッセージがきた男性と話しながら探っている状態。20代前半に援助交際の経験はあって、そのときもらっていたのが３万円だった。だから、いまの年齢考えると半分くらいかなって。携帯代が一か月1万２０００円だから、最低でもその金額は欲しくて1万２０００円って相手に提示したら高いっていわれました。もっと安くしろって。20年前は５万円だしてくれた人もいたのに、けっこう愕然としています」

　希美さんの外見は年齢より老け、地味なお母さんという印象だ。夫はパチンコと競馬が趣味で、手元にお金をもっておきたい。コロナになって、さらに生活費をだすことを渋っている。希美さんは最低限必要な下着を買うこと、携帯代を払うことができない状態になっていた。

　希美さんは夫に経済的虐待にあって、６歳の子どもがいるので時間が制限されるなかでコロナ禍になってしまった。アルバイトをすることができないので、パパ活をすることに決めたが、そこで男性たちに執拗に値切られているという状況だった。

あらゆる制度は世帯の収入で測られるため、一般的な世帯収入がある家庭は誰も助けてくれない。家事や育児を任されている妻と子どもは世帯主に問題があると、厳しい状況に追い込まれる。カラダを提供することを覚悟しても、男性たちからもっと評価を下げろという圧がかかって八方塞がりとなっている。

コロナによって家庭も自分自身も正常運転ができなくなるという、希美さんが陥っているようなパニックはあらゆるところで起こっている。コロナによってさらなる貧困が直撃した女性は実家に帰る、借金する、昼職に転職する、長時間労働する、男性に頼る、福祉に頼るなど、危機を切り抜ける方法はいくつか考えられるが、子どもがいる希美さんはどの手段をとることもできない。だから、パパ活に望みを託した。それも黄信号が灯っているようだ。

パパ活の背景にある新自由主義政策と男尊女卑社会

さて、ここでパパ活と密接な繋がりのある女性の貧困は、どうして起こったのかを振り返っておく。マクロ的には平成の時代に日本政府が新自由主義政策に舵を切り、そこに伝統的に続く男性優位、男尊女卑社会をいびつに継続させたことが理由だろう。労働者派遣法改正（１９９９年、２００３年）で非正規雇用が認められると、女性の雇用は非正規に置き換えられて大きな男女賃金格差が生まれた。

日本は伝統的に家事や育児は女性の役割で、女性に対しては夫の勤め先である企業を通じ、生活費や社会保障が施されるシステムになっている。女性が得る収入は世帯の補助的な役割で、まず女性が非正規化のターゲットとなったのだ。逆にいえば、貧困女性たちに自己責任を押しつけてきた中年男性たちは特別に擁護されていただけだといえる。

押しつけられた家事や育児はキャリアとして認められず、家庭内暴力は増加の一途、離婚すれば生活の基盤は奪われ、養育費の未払いは常識、社会にでても非正規の低賃金労働しかない、というのが女性が置かれた環境となった。そうした結果が女性の貧困だ。

ジェンダーギャップ指数はＧ７最下位、貧困率は、ひとり親家庭の５０・８パーセント、子どもの７人に１人という悲惨な状態にまで悪化した。特にひとり親家庭の貧困率は先進国のなかで圧倒的なワースト１位なのだ。

第四章で指摘したように、パパ活は国が暗に推奨する自助である可能性がある。これまで特別に擁護してきた中年男性から再分配を受けましょうという誘導だが、中年男性たちは女子大生にはお金を払っても、中年女性には払う気がない。希美さんはいまのところ覚悟をした自助からもこぼれ落ちる存在となっている。

先進国の貧困は、「世帯の所得が、その国の等価可処分所得の中央値の半分に満たない状態」である相対的貧困で測る。おおよそ１人世帯で１２０万円、２人世帯で１７０万円、３人世帯で２１０万円程度を下まわると貧困となってデータに載る。

しかし、貧困はそれだけではない。収入があっても子どもの学費を払う気がない親や、世帯主が家族に生活費を渡すつもりのない家庭など、データに載らない貧困も多大にあるのだ。

おもなパパは、40代の勝ち組男性

パパ活男性は40代が37パーセント（Sugar Daddy調べ）と、団塊ジュニア世代（昭和45年〜昭和49年生まれ）、就職氷河期世代（昭和45年〜昭和55年生まれ）の勝ち組男性が中心となっている。

Sugar Daddyのホームページには「40代の経営者が比較的多い傾向です。職業としては、『会社経営』『会社役員』『オーナー』などの経営者層に多くご利用いただいてます」と男性会員の傾向が記されている。

幅広い世代のパパ活女子たちから聞き取りしながら筆者が気になったのは、40代男性が若い女性だけでなく、全体的に社会から嫌われていることだ。過去の90年代の援助交際時代も、援交オヤジは少女たちの財布代わりだったりと、軽蔑や嘲笑の対象となっていた。しかし、いまはそのネガティブな感覚がさらにパワーアップして鮮烈になっている印象なのだ。

２０２１年９月に、サントリーホールディングス社長の新浪剛史氏が唱えた「45歳定年制」が大きな波紋を呼んだ。企業の定年を45歳にして社会から団塊ジュニア以上を排除、経済合理を図ろうという提案をしている。中年男性は女性だけでなく、あらゆる方向から忌み嫌われている状況がある。この世代はとにかく人数が多く、衰退して縮小する日本の経済規模には合わなくなっているのだ。

パパ活女子たちが増殖の一途であることからわかる通り、日本は紛れもなく衰退している。平成の30年間は日本が転落した時代だったが、とりわけ団塊ジュニアが社会にでてから加速している。企業は国際競争力を失い、賃金は下落の一途でデフレが起こり、少子化は止まらず、インターネットでは自国民同士がいつもイガミあうようになった。結果として、就職氷河期世代という大きすぎる屍を生んでしまった。

パパ活男性を知るにあたって、団塊ジュニアの背景を知る必要があるだろう。団塊ジュニアは同級生があまりにも多いため、壮絶な受験戦争、就職戦線を課せられた。部活などで暴力があたりまえの厳しい上下関係が叩き込まれ、団塊の世代に育てられているので終身雇用、年功序列、男尊女卑、ブランド志向が魂に刻み込まれている。

そのために浪人や多浪はあたりまえで、有名大学の切符を手にした者から順に、椅子取りゲームの勝者となるはずだった。しかし、平成5年（1993年）から企業が採用を極端に絞り、早すぎる負けが確定する若者が急増した。

やっと大学を卒業しても、正社員になれず、多くの人々がそのまま契約社員や派遣社員、フリーターとして低賃金で働き続けることを余儀なくされた。ブラック労働も全盛期であり、非正規労働者としてパワハラや長時間労働まみれのなかで酷使された。早々と負けた彼らはそんなことを30年近く続けているのだ。

一方、男性優遇社会は脈々と残り続け、競争に勝った男性たちはあり余る富を得て、そのお金をパパ活に投入しているのが現在である。団塊ジュニアは日本の格差第1世代であり、20代のパパ活女子を探しているのは、おもに苛烈な競争を勝ち抜いてきた上流男性たちなのだ。格差の下層や負け組はパパ活に参戦できず、40代以上のパパ活女子の相手としてやっと中流男性が現れてくる。おおよそ、そのような構造になっていると思われる。

パパ活は男性優位社会のなかで、優遇されながら競争に勝ってきた中年男性が、社会から不遇を強制された女性たちにお金を払うことで世代の枠を超えて恋愛をしようという試みだ。

しかし、人の感情はお金では買えない。パパ活男性たちは思惑通りに、お金で若い女性たちの心やカラダをすんなりと買うことができていないのが現状だろう。

幸せな人が見当たらないパパ活市場で生きるには

全世代のパパ活女子の証言に耳を傾け、時代背景を検証したことでパパ活の全貌が見えてきたのではなかろうか。

簡潔にいうと、全体的に嫌われている中年男性がなんの制限も制約もない自由恋愛の場所で、お金を支払うことを条件に20代女子たちに求愛している。求愛された20代女子たちは、中年男性は嫌だという心を封印して要領よく関係を築く者もいれば、要望を無視してお金だけをもらえるように工夫を凝らすこともある。

　男性優位社会の犠牲者ともいえる40代以上の女性たちは、最終手段としてどんどんパパ活市場に乗り込んでいる。20代との恋愛を希望している強者男性たちに肉体をすべて捧げるつもりでSOSを発信するが、その悲痛な声はないものとして無視されている。強者男性はどんなヒドイ対応をされても、20代女性の尻を追い続けているのが現状だ。

　40代以上の女性たちが余っていることを発見した勝ち組からはほど遠い弱者男性は、無視されている女性に接触する。そこで、苦しいなかで助けを叫んでいる彼女たちに気持ち悪がられるまで価値低下（値切り）の圧力をかける。荒れている市場のなかでパパという新しい男女関係を満喫しているのは、ほんの一握りであり、幸せな者があまり見当たらない醜い人間模様となっている。

　では、どうすればいいのだろうか。パパ活を国が推奨する自助とするなら、ひとりでも多くが幸せになれるように丸くおさまるほうが望ましい。

　20代のパパ活女子たちが、おじさんはキモチ悪い、茶飯の関係以上に進展させたくない、求愛されても迷惑と思う気持ちはよく理解できる。しかし、下心をもつことなく、若い女性と一緒に時間を過ごすだけで満足する、あしながおじさん的な男性はほぼ存在しないことは理解したほうがいい。そのような都合がいい存在は、奇跡的に若干名はいたとしても、基本的には女性たちの幻想である。

茶飯だけの関係でも、お金をもらう以上は等価交換にしなければならない。そうしないと長続きしない。男性と一緒に食事をしたときは、その場だけでも楽しい時間にする努力や工夫をしてほしい。

若い女性を漁っているパパ活男性たちの多くは、厳しい競争に勝ち抜き、経営者やビジネスマンとして成功している強者男性である。等価交換ではない取引で納得するはずがなく、緊張感をもって茶飯に挑むことが必要となってくるだろう。肉体関係は拒絶しても、その場を楽しんでもらえれば十分である。

一方、男性たちはおじさんは嫌われているという自覚が必要だ。娘ほど年齢が離れている女性との恋愛は現実的でないとして、許容する女性の年齢を限界まで上げる必要があるのではないか。年齢を上げても、求めている清楚で普通の女性はいるはずだ。

買い叩かれている中年女性たちは、大人の関係２万円を最低ラインとして値切りには応じないほうがいい。社会から鞭を打たれている弱者男性のなかには心無い者もいる。過剰に値切るような下層男性は相手にしない、早々に切る決断が必要である。そして、上層男性となんとか関係を築きたい意識は常にもっていたほうがいいだろう。上層男性の対象になるためには若い女性たちとの競争となるので、美容や服装などに工夫を凝らして自分自身の市場価値を高めていく必要がある。

本書の冒頭で述べたように、パパ活はすでにピークである。

パパ活は一過性の流行ではなく、今後も現状のピークが横這いでずっと続いていくだろう。パパ活の発生源は学生の貧困と女性の低賃金、それと若い女性と恋愛がしたい中年男性の欲望である。当然、中年男性の欲望はいつまでも消えることはなく、学生の貧困の原因となる日本の高等教育支援が欧州並みに拡大することも考えられない。これからも経済的に厳しい女性たちの自助として機能していくはずだ。

おわりに

「ナカムラさん、パパ活女子の新書を書けますか？」

本書は担当編集者の竹村優子さんから、そんなＬＩＮＥがきたことからはじまっている。どうも彼女が池袋のカフェに長時間滞在して読書をしているとき、中年男性と若い女性のパパ活カップルが次々とやってきて驚き、とっさに企画を思いついたようだった。

筆者は別件で女子大生たちへの取材を終えたばかりだった。現在進行形でパパ活をしている女子たちにも会っていた。彼女たちの証言を中心に構成すれば、なんとかなるだろうと執筆をはじめると、まったくうまくいかない。いくら書いても本として成り立っていかないので、頭を悩ませた。

第一章は４回ほど書き直している。うまく進まなかった理由は、「パパ活」はメディアも含めて人によって認識が違い、一切の統一がされていなかったことだ。具体的には業者の管理売春や未成年買春をパパ活と呼ぶなどだ。いまは売春、買春、援助交際、年上との恋愛、愛人、不倫などすべて包括してパパ活と呼ばれていたりする。パパ活と呼ばれていても、パパ活でないこともあれば、パパ活に当てはまることもある。人によって認識が異なるのでメチャクチャになっているのだ。

一般社会でもそうだ。先日、19歳のパパ活女子が、男性の１３００万円の腕時計を窃盗して逮捕された事件が話題になった。ニュースサイトのコメントに「買春している男も逮捕しろ」「売春だろ。パパ活なんて言葉を使って誤魔化すな」みたいな誤認識の書き込みが殺到した。ちなみにパパ活は倫理的には問題があっても違法ではないので逮捕はしようがない。パパ活という言葉がでた途端に、なにかズレてくるのだ。

また実際にパパ活市場に参加する男性と女性とで目的がまるで違い、当事者間でさえ認識にズレがある。とにかく混沌としていた。

そんな状況のなかでパパ活女子の証言だけを書いただけでは、実際に繰り広げられているパパ活界隈の現象の２〜３割しかとらえることができない。完全に不用意だった。本書では、たまたま新書執筆の役目を与えられた筆者が勝手に代表し、パパ活の定義からはじめた。第一章ではパパ活の定義を軸にしてパパ活であることと、パパ活でないことを分類し、パパ活女子たちの置かれている状況を、証言とともに解説、分析している。

パパ活には自由恋愛という大前提がある。恋愛、疑似恋愛感情の個人売買である。しかし、人の感情はお金で買えない。等価交換とは思えない取引が日常的に行われ、男性が得か、女性が得か、どちらかに偏ることが普通であり、仮に円満に取引がされても、女性の嘘や男性の妄想が蔓延している状態で、一般的な産業の商取引ではありえないことになっていた。

パパ活についてさまざまな認識や解釈が飛び交うなかで、当事者たちは手探りで強引に取引している。なので、ほとんどの女性たちは、自分がなにを売っているのかわからないままやっていた。筆者は複数の女性に「パパはどうしてパパ活をしていると思う？」と質問した。ほぼ全員が「わからない」と答えている。

そして、第二章では交際クラブの標準的な会員である男性、および複数のパパ活男性に接触して情報を集め、〝男性たちが買いたいもの〟を簡潔に言語化した。なんの模範も指針もなく、当事者がなにを売っているのかわからないパパ活市場は混乱状態であり、女性は男性が買いたいものを無視し、自分が売りたいものを押しつけている傾向があった。
男性の立場、女性の立場で意見はまったく異なるが、執筆しながら熟考の末、筆者はお金を支払う側である〝男性の買いたいもの〟がパパ活市場の軸だと考えた。現在パパ活市場で起こっているのは、弁当屋が弁当を売らずに弁当箱を売っているようなものだ。商取引と考えると、非常に不健全な状態である。しかし、弁当箱がいらないならば、弁当を欲しがるなという意見もあった。

第三章ではその深刻なミスマッチ、男女のすれ違いを書いている。そして、第四章では貧困を強制される女子学生たちの現実、第五章では誰からも見放される中年女性たちの厳しい境遇を綴った。

女性に値付けして、本来は買えないはずの感情を買おうとするパパ活から見えてくるのは、病んでいる日本である。どうしてこうなるのかと溜息がでるほど病んでいる。

いま女性たちを買っているのは40代後半（団塊ジュニア世代）が中心だ。彼らの父親世代はかつての援助交際で未成年や後進国の若い女性たちを国際社会に厳重注意されるまで買い漁った過去がある。

尾崎豊を聴きながら、大人たちに反抗していた息子は30年後、父親とまったく同じことをしていた。女性も同じだ。パパ活男性たちからモテ、チヤホヤされ、好き放題にお金を支払わせても、十数年後は誰からも見放されることになる。病んでいる日本では、同じことが繰り返される。荒れた社会が欲望の反復と排斥に拍車をかけていた。

最後に、語ってくれたパパ活女子たち、パパ活男性、困っているときに連絡をくれたパパ活当事者の友人知人、それに執筆中に突然メールがあったユニバース倶楽部に感謝の意を表します。みなさんの助けがなかったら、この複雑怪奇なパパ活のことは理解ができませんでした。ありがとうございました！

中村淳彦

２０２１年10月1日

著者略歴

中村淳彦《なかむらあつひこ》

一九七二年生まれ。ノンフィクションライター。
AV女優や風俗、介護などの現場でフィールドワークを行い、執筆を続ける。
貧困化する日本の現実を可視化するために、
さまざまな過酷な現場の話にひたすら耳を傾け続けている。
『東京貧困女子。』（東洋経済新報社）は
本屋大賞ノンフィクション本大賞にノミネートされた。
『新型コロナと貧困女子』（宝島社新書）、『日本の貧困女子』（SB新書）、
『職業としてのAV女優』『ルポ　中年童貞』
『AV女優消滅』（以上、幻冬舎新書）など著書多数。
また「名前のない女たち」シリーズは劇場映画化もされている。

幻冬舎新書 637

パパ活女子

二〇二一年十一月二十五日 第一刷発行

著者 中村淳彦

発行人 志儀保博

編集人 小木田順子

編集者 竹村優子

発行所 株式会社 幻冬舎

〒一五一-〇〇五一 東京都渋谷区千駄ヶ谷四-九-七

電話 〇三-五四一一-六二一一(編集)

〇三-五四一一-六二二二(営業)

振替 〇〇一二〇-八-七六七六四三

ブックデザイン 鈴木成一デザイン室

印刷・製本所 株式会社 光邦

Printed in Japan ISBN978-4-344-98639-8 C0295

な-12-4

幻冬舎ホームページアドレス https://www.gentosha.co.jp/

*この本に関するご意見・ご感想をメールでお寄せいただく場合は、comment@gentosha.co.jp まで。

幻冬舎新書

中村淳彦

職業としてのＡＶ女優

業界の低迷で、現在は日当３万円以下のこともあるＡＶ女優の仕事。それでも自ら志願する女性は増える一方。なぜ普通の女性が普通の仕事としてカラダを売るのか？　求人誌に載らない職業案内。

中村淳彦

ルポ 中年童貞

性交渉未経験の男性が増えている。30歳以上未婚男性の４人に１人が童貞。この割合はここ20年間上昇を続けている。性にまつわる取材を続ける著者がえぐる日本社会の不健全さ。衝撃のルポルタージュ。

中村淳彦

ＡＶ女優消滅

セックス労働から逃げ出す女たち

「こんなはずじゃなかった、私の人生……」――。悪質なスカウト、不当な契約、出演強要ｅｔｃ．……。「セックスを売る仕事」ＡＶ女優の残酷な労働現場、崩壊寸前のＡＶ業界。衝撃のルポルタージュ。

鈴木大介

最貧困女子

「貧困女子」よりさらにひどい地獄の中でもがいている女性たちがいる。「貧困連鎖」から出られず、誰の助けも借りられず、セックスワーク（売春や性風俗業）をするしかない彼女たちの悲痛な叫び！

幻冬舎新書

山本晋也

風俗という病い

人間の性欲ほど多様で面白いものはない。約半世紀、夜の街を歩き続けた著者が、「風俗大国」ニッポンのエロを丹念にリポート。果てることなき男女の欲情をとことんまで覗き見た一冊。

倉垣弘志

薬物売人

田代まさし氏への覚醒剤譲渡で２０１０年に逮捕された著者は、あらゆる違法薬物を売り捌いていた。自らも依存症だった元売人が明かす、薬物売買の内幕。逮捕から更生までを赤裸々に描く。

手塚マキ

新宿・歌舞伎町

人はなぜ〈夜の街〉を求めるのか

アジア最大の歓楽街、歌舞伎町。コロナ禍で攻撃されたが、この街ほど懐の深い場所はない。カリスマホスト、経営者として23年間歌舞伎町で生きる著者が〈人間をすべて飲み込む街〉を描く。

斉藤章佳

セックス依存症

セックス依存症は性欲だけの問題ではない。脳の機能不全に加え、支配欲や承認欲求、過去の性被害、「男らしさの呪い」などが深く関わっているのだ。依存症の専門家がその実態と背景に迫る。